JN410965

학도병의 꽃

『국민문학』 수록 시 2(1943.10~1945.5)

엮고옮긴이
가미무라 슌페이(上村俊平, Kamimura Shumpei) 천리교교회본부 해외부
가미야 미호(神谷美穂, Kamiya Miho) 우송대학교 교양 일본어과 교수
김은정(金銀貞, Kim, Eunjeong) 한국외국어대학교 HK 세미오시스 연구센터 HK교수
김지형(金知兄, Kim, Jihyoung) 한국외국어대학교 강사
노지현(魯智賢, Roh, Jihyun) 숭실대학교 국제교육원 강사
박지영(朴智暎, Park, Jiyoung) 인하대학교 고조선연구소 연구교수
채호석(蔡淏晳, Chae, Hoseok) 한국외국어대학교 사범대학 한국어교육과 교수

학도병의 꽃

『국민문학』 수록 시 2(1943.10~1945.5)

초판 인쇄 2019년 8월 10일 **초판 발행** 2019년 8월 20일
엮고옮긴이 가미무라 슌페이 · 가미야 미호 · 김은정 · 김지형 · 노지현 · 박지영 · 채호석
펴낸이 박성모 **펴낸곳** 소명출판 **출판등록** 제13-522호
주소 서울시 서초구 서초중앙로6길 15, 1층
전화 02-585-7840 **팩스** 02-585-7848 **전자우편** somyungbooks@daum.net **홈페이지** www.somyong.co.kr

ISBN 979-11-5905-424-2 04810
979-11-86356-05-0 (세트)

값 23,000원

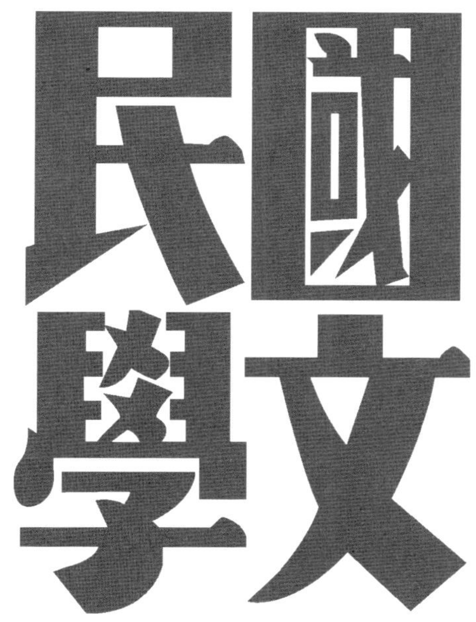

『국민문학』 수록 시

(1943.10～1945.5)

2

학도병의 꽃

가미무라 슌페이
가미야 미호
김은정
김지형
노지현
박지영
채호석
편역

머리말

『학도병의 꽃—『국민문학』 수록 시 2(1943.10~1945.5)』를 발간하며

앞서 간행된 『나는 닦는다 야마토로 통하는 마루를—『국민문학』 수록 시 1(1941.11~1943.9)』에 이어, 제2권으로 1943년 10월호부터 1945년 5월 종간호에 이르는 후반부의 시를 번역, 간행하게 되었다. 이로써 『국민문학』 수록 시가 완역된 셈이다.

『국민문학』의 시대, 즉 일제강점 말기의 1940년대는 한국문학사의 '암흑기' 혹은 '블랭크'로서 오랫동안 애써 외면되어 왔다. 『국민문학』이 언론 통폐합 이후 유일하게 남은 조선인 발행 '문학' 잡지로서 재조명되고, 이 시기에도 수많은 작품이 생산되었다는 점을 인식하기 시작한 것은 비교적 최근의 일이다. 그런데 막상 『국민문학』이라는 잡지를 펼치게 되면 우리는 당혹스런 장벽에 부딪치게 된다. 일본어로 창작된 작품과 다수의 일본인 작가들, 조선인마저도 창씨명으로 발표하여 작자의 이력을 확인하기 어렵고, 작품의 질적 수준 또한 고르지 않다. 이들은 과연 한국문학일 수 있는 것일까. 1940년대라는 문학적 조건 속에서 한국문학사의 블랭크를 메울 수 있는 가치를 찾을 수 있는 것일까. 그럼에도 불구하고 『국민문학』을 계속 읽어가다 보면 당시의 문인들 또한 같은 질문을 스스로에게 던지고 있었음을 발견하게 된다.

이미 알려진 바와 같이 『국민문학』은 1940년대 초 국가총동원이라

는 신체제 운동 아래 '반도 유일의 문학지'로서 조선인과 일본인 문인들이 통합된 문학장을 형성했다. 새롭게 재편된 문학 환경 속에서 조선문학은 성격과 진로, 위상의 재정립이 요구되었고 이는 '혁신'이라는 이름으로 창간호부터 지속적으로 논의되었다. 최재서를 필두로 한 평론이나 좌담회에서 이루어진 발화들은 '국민문학'의 개념과 조선문학의 정체성 문제를 둘러싼 고민들로 점철되어 있는 것이다. 국민문학이란 무엇인가. 조선적 특수성은 어떻게 처리해야 할 것인가. 조선문학은 일본문학에 포함되는 것인가. 국책에 공헌하면서 동시에 예술적 성취를 이룰 수 있는 방법은 무엇인가. 수없이 되풀이되고 있는 이들 질문은 조선인은 물론 일본인 문인들도 비켜갈 수 없는 것이었다.

그렇다면 그들은 어떤 결론을 얻었을까. 그 성취와 한계를 포함하여, 조선인과 일본인 문인들이 제국/식민지 체제 내에서 상상하고 만들어간 조선문학 또는 반도문학의 실체를 파악하기 위해서는 구체로서의 작품을 더욱 깊이 음미할 필요가 있을 것이다. 특히 시에 주목하는 것은 정서의 가장 근원적인 층위에 호소하는 시어를 통해 시대의 이데올로기가 실제 생활에 체현되는 양상에 핍진하게 다가갈 수 있다고 여겨지기 때문이다.

『국민문학』 지면에 공존한 양국의 시인은 조선인이 20명, 일본인이 27명으로 확인된다. 이 가운데 창간 초기의 언문판에 실린 조선어 시 4편을 제외한 일본어 시는 조선인 16명 34편, 일본인 27명 72편이다. 한편 소설은 조선인 28인 60편, 일본인 18인 36편으로, 시에 있어서 일본인 작가의 비중이 훨씬 크다. 그 원인으로는 『국민문학』의 운영에 경성제대 구성원들이 대거로 참여했고 최재서의 스승이었던 사토 기요시佐藤淸가 일찍부터 『경성일보』를 중심으로 재조선 일본인 시단을 이끌고 있었다는 점을 지적할 수 있을 것이다.

수록 시에 대해 간단히 개괄하자면, 예상대로 징병제 실시나 전승기념, 전쟁 발발 1주년 등 당시의 시국적 현안에 대응한 친일 어용적 작품들이 다수를 차지한다. 하지만 내선일체나 대동아건설이라는 국책을 드러내는 데 있어서 역사적 한일관계나 조선사회의 현실을 제재로 삼는 등, 조선적 특수성을 강조하고자 하는 경향이 두드러진다. 조선의 기후나 풍토, 전통적 유물과 유적을 제재로 한 작품도 드물지 않다. 뿐만 아니라 극히 소수이지만 시국과는 상관없는 모더니즘적 취향의 작품도 존재했다.

형식 면에서는 일본의 전통시인 단카가 지속적으로 게재되었고 『만요슈』가 시 창작에 주요 참조 대상으로 고려되고 있다는 점이 특징적이다. 이는 당시의 조선문학에 일본문학 전통의 간섭이 진행되고 있었음을 의미한다고 할 수 있을 것이다. 또 다른 특징으로 후기로 갈수록 장편이나 연작 형태로 서사시를 지향하는 경향이 두드러지는 점도 주목된다. 이러한 형식 실험들은 시국적 현안과 서정성의 조화에 고심한 흔적으로서, 그 성취 여부를 떠나 전쟁에 동원된 당대 조선의 삶을 생동감 있게 그려낸 기록으로서 의미가 인정될 수 있을 것이다.

번역은 1권과 마찬가지로 원문에 충실하되 가능한 한 맥락을 읽어낼 수 있도록 옮긴다는 원칙에 따랐다. 공동 번역이므로 각자가 담당한 초벌 번역을 윤독하며 수정하는 방식으로 진행했다. 시의 행간을 읽고 총체적 의미를 분석하며 적절한 번역에 합의하기까지 수많은 논의를 거치는 동안 또다시 오랜 시간이 흘렀다. 돌이켜보면 한국인과 일본인 연구자가 함께 모여 『국민문학』을 읽고 탐구하며 한국어로 다시 쓴 과정은 양국의 문인이 공존했던 1940년대 조선 문단을 추체험한 것일지도 모른다. 하지만 처음 『국민문학』을 펼치던 순간의 질문에 대해서 답을 얻으려면 더 많은 연구자들의 도움과 질책이 함께해야 한다고 생각된다. 담론의 층위에서 논의되어온 기존의 일제 말기 문학 연구를 보완하고, 연구의 범위를 구체적 작품으로 확장해가는 데 이 책이 조금이라도 도움이 되기를 바란다. 끝으로 이 자리를 빌려 원문 확인에 도움을 주신 여러 선생님들과 이 책을 흔쾌히 출간해 주신 박성모 사장님 이하 편집부에 감사드린다.

2019년 7월

역자 일동

차례

일러두기

1. 이 책의 표기는 한글맞춤법과 외래어표기법에 따른다.
2. 일본어는 띄어쓰기를 하지 않지만, 원문에서 띄어쓰기가 된 경우는 특별한 의미가 있는 것으로 판단하고, 이를 나타내기 위해 2자 크기의 칸을 띄었다.
3. 인명과 지명, 일본 고유의 문화에 관련된 개념어는 일본어 발음대로 표기하였고 필요한 경우 주석을 달았다.
4. 일본어 발음으로 표기한 단어는 처음 나오는 곳에만 원문을 병기했다.
5. 일본어 원문은 현대 일본어표기법과 다른 부분도 그대로 수록하였으며 명백한 오자는 바로잡았다.
6. 의미상 오식의 가능성이 있으나 확인이 불가능한 것은 그대로 두되 주석을 달았다.
7. 주석에서 책, 논문, 잡지명 등은 모두 번역하였으며 원문을 병기했다.
   예) 잡지명 : 『노동하는 여성働く婦人』
8. 일본어시에 사용된 「 」, 『 』은 다음으로 구분해서 옮겼다.
   ① 단행본, 시집, 소설집, 잡지 등 : 『 』　② 시, 논문 등 : 「 」
   ③ 대화체 : “ ”　④ 강조 : ‘ ’
9. 시의 수록 순서는 『국민문학』에 게재된 순서에 따르되 한글로 발표된 시는 부록에 따로 모았다.
10. 이 책의 각주는 모두 역주이다.

國民文學

1943.10

항공일에[1]

서정주[2]

젖내　나는　숨을　내쉬면서
내　귓전에서　조그만 서운이가
일곱 살 서툰　고향　말로
아이　하늘　은　서울　이래야[3]라고 속삭이던
그　하늘이다.

마늘이랑　파　고추를　먹고
기름　때에　찌든　흰옷을 입은
뜨겁고 뜨거운　동포가
산비둘기 슬피 우는　노란　길을
가고 또 가서　물들인　연초록　그 하늘이다.

1　항공일은 9월 28일이다. 일본 최초의 동력 비행에 성공한 30주년 및 기원 2600년을 기념하여 1940년에 기념일로 제정되었다.
일본어는 띄어쓰기가 없지만 이 시는 한국어 문법과 유사하게 띄어쓰기를 하고 있다. 원문의 형태를 그대로 살리되 의미를 고려해 옮겼다.

2　서정주徐廷柱(1915~2000). 전라북도 고창군 출신, 본관은 달성達城, 호는 미당未堂이다. 1936년 『동아일보』 신춘문예에 시 「벽」으로 등단하여 김광균・김동리・오장환 등과 함께 잡지 『시인부락』을 창간했다. 창씨명 다쓰시로 시즈오達城靜雄로 태평양전쟁을 찬양하는 작품을 다수 발표했다.

3　한국어 발음을 그대로 가타카나로 쓴 부분이다.

아아　슬프다　아직은　감지 못할　눈과 눈이여.
푸르른 정을　잊지 못하는　날 저물고　밤이면　그 자리에
무수한 별들로　반짝이는 것을.
아아　애달퍼라　사람들　정말로 사랑스런 사람들
사라져　날마다　하늘은　깊어지고

여기에 있는 것은　나의　단호한　몸짓과 말.
메아리와　해명海鳴이
울려 퍼지는　좁디좁은　마당에는
꽃을 바치는
소가죽의　북소리뿐

아아　날고 싶다　날고 싶단 말이다
부릉　부릉　온몸을 울리며
지나간　모든 것들이
푸르게　걸려 있는　하늘 속으로
맹렬히　나는 것이　내　오랜　바람!

주) 아이, 하늘은 서울이래야=하늘은 수도라는 뜻. 그리고 내 어린 시절 고향 아이들의 깊은 믿음.

1943.10

國民文學

1943.11

불문不文의 길

가네무라 류사이[4]

불쌍하게도 주판과 자에 미친 인간의 독니여
너희들은 어떠한 나라의 별을 좇아 삶을 탐하는가
크고 작은 신문 활자 속을 헤매는 의심의 눈을 닫고
그 위의 광대한 신화와 사실史實에 귀를 열어라

조선 해협이 아직 가르지 않은 일본해의 바람은 젊었고
푸른 연잎 모양의 평온한 해도海圖에 갈매기가 놀았노라
을乙 자 모양의 두 조류는 한란寒暖의 소용돌이를 품고
같은 백성의 피로서 하나 되어 어울렸다네

비늘처럼 반짝이는 은백의 모래톱에 파도는 노닐고
청동 빛 바위에 만상을 새긴 영지 금강산
그곳 소시모리[5]라는 성스러운 신목의 숲에 강림하신

---

4 가네무라 류사이金村龍濟(1909~1994). 김용제金龍濟의 창씨명이다. 호는 지촌知村. 충북 음성군 출생. 일본 주오中央대학 중퇴 후, 일본어 시 「사랑하는 대륙아愛する大陸よ」를 『나프ナップ』지에 발표(1931)하며 등단했다. 일본 프롤레타리아 시인회 간사, 사무국장을 거쳤으며, 치안유지법으로 복역(1933~1936) 후 강제 송환되어 귀국했다. 1930년대 후반부터 친일문학 활동에 나서 제2차 대동아문학자대회에 유진오, 최재서 등과 함께 참가했고, 일본어로 쓴 시 『아세아시집亞細亞詩集』(1942)으로 제1회 총독문학상을 수상하였다.

5 소시모리曾尸茂梨는 『니혼쇼키日本書紀』에 나오는 신라의 지명이다. 일본 황실의 조상신

스사노오노 미코토께서 남긴 은덕의 자취는 여전히 기려지고 있노라

이 성스러운 신목의 뿌리는 나뉘고 씨는 널리 퍼져
일가를 이룬 송백만수松柏萬樹 그늘 아래 사람들의 터전은 잠들어 있다네
그 태평한 꿈에 홀린 듯 우주의 정기가 모여들어 고이니
영원히 빛나는 은하의 성좌가 탄생했노라

또 중세의 야마토와 백제 문화의 에마키[6]를 생각하라
저 부여의 고란사에 유학한 야마토의 처녀들[7]이
아아 목숨을 아끼지 않고 삼천 궁녀와 옷자락을 엮어서
백마강으로 함께 사라진 낙화암의 결단을

새삼 다시 외쳐지는 내선일체의 인연이라니
이 무미한 수사修辭는 예전에 없었고
또한 자손 세대에는 부끄러워할 유언이 아닌가
굳이 말을 만들어 내는 것에 그대와 나 쓸쓸히 미소짓노라

인 아마테라스 오미카미天照大神의 아우인 스사노오노 미코토素戔嗚尊가 일본 신들의 고향인 다카마가하라高天原에서 쫓겨나 소시모리로 내려왔다고 한다.

6 에마키絵巻는 두루마리에 그림을 그려서 펼쳐가면서 차례로 변화하는 화면을 감상하게 한 일본 전통 회화의 한 양식이다. 경전의 내용이나 설화, 고소설, 의식의 기록 등을 주로 그렸다.

7 고란사皐蘭寺는 부소산 중턱에 있는 절. 백제 시대의 비구니절로서 일본의 비구니 2인이 유학했다고 전해지며 관련 벽화가 남아 있다.

나라奈良에서 추억하다

가네무라 류사이

가을바람이 나를 부르는 옛 도읍지 나라
아름다운 빛에 젖어 야마토를 추억한다
아아 쇼토쿠 태자[8]를 사모하여 기리고
그 덕을 받들어 스스로를 바친
저 백제 장인의 예도를 배우고자
조심스레 밟아 가는 나의 순례의 발길은
아득히 구름을 좇아 간절히 바란다

만요[9]의 모습 그대로인 들이여 산이여
아아 이 따뜻한 흙 내음 속에
그 사람들의 무덤은 깊이 녹아 있으리
하늘 높은 노목老木, 낮게 숙인 풀들에게 물어보다
길가에 누운 돌에 놀라 아련히 바라본다

---

8 아스카飛鳥 시대(592~710)의 황족이자 정치가인 쇼토쿠 타이시聖德太子(574~622)를 말한다. 대륙의 문화와 제도를 도입함으로써 헌법을 제정하고 중앙집권국가의 틀을 갖춘 인물이다.

9 일본 최고最古의 가집 『만요슈萬葉集』를 말한다. 『만요슈』는 7세기 후반에서 8세기 후반에 걸쳐서 만들어진 고대 가요집으로 천황부터 일반 민중에 이르기까지 다양한 계층의 노래 4,500여 수가 실려 있다. 해당 시기는 나라를 수도로 했던 시대(710~794)이다.

이스이엔[10]이라는 정원의 유현幽玄함에 눈은 온화해지고
물이끼의 풍아함에 숨어 잠든 오래된 연못
고요한 물가에 만들어진 세슈안[11]이여
그 얼음처럼 순결한 다실에서 옷을 털어내고
다도의 정취에 여행의 마른 목을 축인다

아아 취옥의 감로를 머금은 아름다운 그릇이여
이 고려 다완 청자에 내 혀는 떨리고
팔굉일우[12]의 진실이 비행기처럼 육박해 온다.
만세하듯 감격에 젖어 다완을 드니
단풍에 물든 다리 가는 신록神鹿[13]이 소리를 내며
가스가 신사[14]의 숲으로 안내하겠노라 재촉하고 있구나

— 대동아문학자대회[15] 도중 나라에서

---

10 이스이엔依水園. 나라에 있는 일본식 정원으로 1673년 만들어진 정원과 메이지明治 시대에 조성된 후원으로 나누어진다. 현재 다섯 채의 다실과 한 채의 미술관으로 구성되어 있다.

11 세슈안清秀庵. 이스이엔 내의 다실 중 하나이다.

12 팔굉일우八紘一宇. 일본이 제국주의 침략 전쟁을 합리화하기 위해 내세운 구호로서 전 세계가 하나의 집이라는 뜻이다. 세계 만방이 모두 천황의 지배하에 있다는 이념으로 일본 천황제 파시즘의 핵심 사상이다.

13 일본의 신사에서 기르는 사슴. 신의 사신으로 여겨진다.

14 나라시의 가스가 다이샤春日大社를 말한다. 7세기 후반부터 근세까지 조정의 주요 세력을 배출한 후지와라藤原 가문의 신사이다. 수호신 다케미카즈치武甕槌命가 흰 사슴을 타고 왔다는 전설이 있는 가스가야마春日山 숲은 고대의 모습 그대로 유지되고 있다고 한다.

15 일본 제국주의가 대동아공영권의 문학 건설이라는 목표를 내세워 아시아 각국의 친일 문화인을 동원한 문학 행사이다. 1942년 11월 3~10일(도쿄와 오사카), 1943년 8월 25~27일(도쿄), 1944년 11월 12~14일(중국 남경)의 3회에 걸쳐 개최되었다. 김용제는 제2회 대회의 조선 측 대표로 유진오, 최재서, 유치진과 함께 참석했다.

國民文學

1943.12

해전

노리타케 가즈오[16]

바다 빛깔은 다시는 푸르지 않으리
파도 역시 잔잔해졌을　렌도바[17]의 바다

나는 별의 이름을 모른다
하지만 그것은 금성이 아니었을까
꺼질 듯 깜빡이는 비너스 아래에서　편대는 적을 발견했다
적은 거국적으로　수송 선단을 중앙에 두고　철의 성채를 이루어
박명에 렌도바섬을 점령하려 했다
소금쟁이 같은 적의 상륙용 주정[18]
우리 해군 항공 부대 십여 기가 이를 요격했다

---

16 노리타케 가즈오則武三雄(1909~1990). 돗토리鳥取현 출생. 1928년 10월부터 신의주에서 조선총독부 기관지 『평북경종平北驚鍾』을 편집했고, 1930년 6월부터는 경성의 조선총독부 경무국 보안과에 근무하며 『국방의 조선國防の朝鮮』 편집을 담당했다. 시집 『압록강鴨綠江』(1933)과 『풍영집風詠集』(1936)을 조선에서 간행했다.

17 남태평양 뉴조지아 제도New Georgia Islands 남서부, 뉴조지아섬에서 10km 정도 떨어진 섬이다. 1943년 6월 30일, 일본이 수비하고 있던 뉴조지아섬의 문다Munda 비행장 공략을 위한 작전으로 렌도바섬Rendova Island에 5,000명의 미군이 상륙하면서 뉴조지아섬 전투가 시작되었다. 렌도바의 일본군 수비대 140명 전원이 전사했으며 이후 미군은 솔로몬 제도Solomon Islands를 따라 라바울Rabaul로 향하는 반격을 시작하게 된다. 주변 해역에서 일본군 구축함에 의한 수송 작전이 큰 피해를 입었으므로 '구축함의 묘지'라고 불린다.

18 주정舟艇은 군용 함정의 일종이다. 상륙 작전이나 양륙 임무 수행 시에 동원된다.

수많은 쇳덩이가 바다를 덮고
성조기가 코앞에 보인다

바로 지금이다 천황의 아들들
돌아보니 전우가 미소 짓는다
고국을 못 본 지 오래
폐하의 뜻을 따라 나의 삶 모두 바치고 돌아보지 않으리
오로지 우리는 황국의 이름에 사는 자

"전우여 돌아오면 또 장갑을 바꾸자"
전투 바로 직전
파란 파도에 새하얀 구슬 흰 물결로 부서지고
바다 위를 가는 작은 기영機影

먼 바다에 새떼들 북적거리듯 적기 날아오른다
뱃전을 두들기며 맞이하는 이카루스의 무리 가루를 낼 때까지 싸우리
○로서 서로 공격하려는 지금
부서질지언정 저 물 위의 성을 수장시킬 때까지 싸우리
천황 폐하의 강철로써 베어 버리리

다각포 불을 내뿜고
탄막은 내 앞에서 부서진다

1943.12

천둥 소리 울리며
저 군함은 세로로 기울고
적기들은 잇따라 바다 속 깊이 가라앉는다
가여워라 이카루스 아무리 날아와도 떨어지리라

물과 하늘　서로 가르지 않으면 벗어나지 못하리
수백 수천의 쇳덩이 가루가 되고
수많은 원수들 파도에 삼켜졌다
렌도바는 너희들의 무덤　무겁게 너울이 인다
무겁게 너울이 인다

몇 시간이나 싸웠을까　물과 하늘이 서로 얽히고
끝까지 싸우고 싸웠다
싸우고 싸워 이겼다　온갖 이삭들 탐스럽게 익어 가는　아름다운 천황의 나라
가로막는 먹구름 수많은 조류 속에 격퇴했는데
돌아보니 나의 전우 죽고 없구나

싸우고 싸워 이겼다
끝까지 싸우고 싸웠다　임무를 마치고 용감한 사내들은 번갈아 하늘에 안기는데
비행기들은 서로 날개를 섞는데
다시 보아도 나의 전우 죽고 없구나

누군가는 개선가를 연주하겠다고 한다
잔뜩 흐린 군도의 바다　무거운 파도 다시 보아도 하얗게 부서진다

바다는 다시 새파래지리라
성전으로 부서진 흔적조차도　렌도바의 바다

학도 출진

사토 기요시[19]

하늘을 가리는 단풍 속,
아직 푸른 잡초를 밟고,
일천 학도는 노래한다.
가는 자, 남는 자,
끓어오르는 피를 조용히 누르고,
결하지세決河之勢와 같은 심정을,
잠시 교가에 실어 노래한다.

국난으로,
피와 혼을 바치고,
국난으로,
청춘을 하얗게 불사르는 자여,
이것을 명심하라,
나라에 죽는 것은 사는 것이고,

19 사토 기요시佐藤清(1885~1960). 미야기宮城현 센다이仙台시 출생. 시인, 영문학자. 두 번의 영국 유학을 통해, 키츠, 워즈워드 등 영국 낭만파 시를 전공했다. 경성제국대학 개교와 더불어 영문과 교수로 부임하였으며 최재서와 사제 관계를 맺었다. 1945년 2월 정년퇴직 후 귀국하여 전후에는 아오야마가쿠인青山学院대학 교수로 재직했다. 조선에서 시집 『벽령집碧靈集』(人文社, 1942.10)을 간행했다.

참으로 산다는 것은 나라 위해 죽는 것임을.

그러나, 용맹한 너희 뒤에는,
너희의 부모, 형제, 자매,
친척, 친구, 지인이 겹겹이 서 있고,
그들의 불타는 심정은,
너희가 가는 곳 어디라도,
너희를 쫓아가,
결코 너희를 놓치지 않을 것이다.
그뿐이랴,
눈에 보이지 않은 신령의 손은 너희를 찾아와,
너희를 굳건히 지탱해 줄 것이다.
영령은 너희의 앞길을 축복하고,
너희 조상의 혼령은,
너희의 혼을 결연히 서게 할 것이다.
신령의 세계는,
너희의 방패가 되고, 칼이 될 것이다.

삼천 년의 역사가
지금 너희 속에 되살아나,
너희는 수억만의
조상의 혼령과 함께 숨을 쉬고 있는 것이다.
이제 생과 죽음의 세계는 하나가 되어,

삼천 년이 한순간에 실현되고 있는 것이다.
가라, 가거라,
너희 뒤에는, 이들 힘이
구름 떼처럼 가득히 성원하고 있는 것이다.

용감하게, 그러나 흐트러짐 없이
격렬하게, 그러나 정숙하게,
가라, 가거라,
아, 우리가 사랑하는 사람들이여,
그리하여 너희의 청춘을
아낌없이 불태워라.

— 12월 5일, 성대 · 회춘원[20]에서

20 경성제국대학 의학부 뒤편의 정원. 본디 창경궁 동쪽의 궁궐 정원이자 정조 때 사도세자를 위한 경모궁이 세워졌던 함춘원含春苑에 해당하는 곳으로, 1910년 일제의 총독부에 의해 회춘원回春苑이라 개칭되었다. 현재 서울대학교 의과대학 안에 경모궁터와 함춘문이 남아 있다.

國民文學

1944.1

시신문게본생도施身聞偈本生圖

다마무시노즈시[21] 좌측면

사토 기요시

설산에서 좌선하는 한 명의 바라문,[22]

몇 날, 몇 밤을, 이어지는 삼매 속,

어느 날, 갑자기 어둠을 뚫고,

밝게 빛나는 기쁨을 느꼈다,

깊은 바다로 가라앉는 배에서, 큰 배의 구조를 받은 것처럼,

빈사의 병상에서, 명의의 내방을 받은 것처럼,

바라문은 자기도 모르게, 벌떡 일어서서,

방금 들은 '제행무상, 시생멸법'[23]을 되뇌며,

주변을 조용히 둘러보는데,

눈에 들어오는 것은 한 명의 나찰,[24]

그 외에는 다만 소리도 없이, 숨죽인 나무들뿐,

---

21 다마무시노즈시玉蟲厨子는 나라의 호류지法隆寺가 소장하고 있는 아스카 시대의 불교공예품으로, 불상이나 불경을 넣어서 실내에 안치하는 감실龕室이다. 비단벌레의 날개를 금박과 함께 새겨 넣은 데서 유래한 이름이며, 기부基部의 4면에 그려진 그림으로 유명하다. 이 시는 그중 좌측면에 그려진 그림을 제재로 한 것이다.

22 바라문婆羅門은 범어 브라만Brahmana의 음역으로 인도 카스트 제도에서 가장 높은 지위인 승려 계급을 말한다.

23 제행무상諸行無常, 시생멸법是生滅法, 즉 모든 것은 무상하니 이는 곧 생하고 멸하는 이치라는 의미이다.

24 고대 인도의 신으로, 불교에서는 사람을 잡아먹는 악귀의 총칭으로 불린다. 이후에는 불교에 귀의하여 불법의 수호신이 되었다.

바라문은 그 두려운 자에게
게[25]의 뒤 구절을 물었다. "굶주려 한마디도 못 하겠네"
"무엇을 먹느냐, 무엇을 마시느냐."
"인간의 생육, 인간의 생혈뿐이다."
바라문은 이를 듣자, 법좌[26]로,
몸에 걸쳤던 녹피鹿皮를 벗고,
무릎을 꿇고 눈썹도 까딱 않고,
"기꺼이 드리리, 바라문의 생육, 생혈을"이라고,
분명히 서원을 세웠을 때,
홀연히 하늘을 나는 새소리가 들리고,
'생멸멸이, 적멸위락'[27]이라는,
게의 뒤 구절이 마음속에서 들려 왔다.
순간, 홍수에 봇물 터지듯,
바라문의 얼굴은 환하게 빛나고,
새끼 사슴처럼 가볍게 뛰어다니며,
이쪽의 돌, 저쪽의 바위,
이쪽의 나무, 저쪽의 길에,
이 완전한 네 구절을 옮겨 쓰고, 또 옮겨 쓰며,

---

25 게偈. 부처의 공덕이나 가르침을 찬탄하는 글귀.

26 불교의 가르침을 설교하는 사람이 앉는 자리, 또는 그러한 모임을 말한다.

27 생멸멸이生滅滅已, 적멸위락寂滅爲樂. 생멸에 대한 집착에서 벗어나면 곧 고요한 열반의 경지에 이른다는 뜻으로 위의 '제행무상 시생멸법'에 이어지는 구절이다. 인연에 의해 성립된 모든 현상은 생겼다가는 사라지며 늘 변화해 가는 것이므로 이러한 이치를 깨닫고 생멸에 얽매이는 감정을 끊으면 번뇌를 벗어나 해탈의 경지에 도달할 수 있다는 불교의 근본적인 사상을 담은 것이다.

지칠 줄 모르는 듯 보였는데,
그 터져 나오는 법열에,
육체가 찢어지는 듯,
티끌만큼의 원도 한도 없이,
마침내, 산 위의 높은 나뭇가지에 올라가,
(우주의 시작부터,
우주의 끝까지,
꿰뚫고 흐르는
힘을 의식하면서)
몸을 날려 나찰을 향해 투신했다,
순간, — 자비의 제석천,[28]
바라문을 공중에서 꽉 받아 안아서,
양손으로 단단히 받쳐,
몸을 부드럽게 땅에 눕혔다.

(수족악귀獸足惡鬼의 모습으로,
문답하는 제석천과 바라문,
그 사이 대나무의 부드러움이여.)

(성스러운 바위에 새기는
저 바라문의 모습이야말로,

---

28 제석천帝釈天. 불교의 수호신 중 하나이다. 불교에서 세계의 중심이라고 말하는 수미산 정상 도리천의 주인으로서 사천왕을 거느리고 불법과 불제자를 보호한다.

바로 삼국불三國佛을 떠올리게 한다.)

(산 위에서 몸을 던지는,
바라문 주위로 연꽃 날고,
곁에서 가릉빈가[29]는 노래하고 있다, —
보운寶雲에 둘러싸여 낙하하는 영조靈鳥여.)

(양팔을 뻗으며 몸을 바치는
무상無上의 인간 바라문에게,
양손을 내미는,
영족靈足의 제석천,
나찰의 모습을 벗어 던지고,
바로 지금 맞이하는, 신령한 빛, 찬란함이여.)

주) 스이코推古 천황의 하사물로 추정되는 '다마무시노즈시'는, 그 작풍이 고구려의 고분 벽화와 밀접한 관계가 있는 것은 정설인 듯하다. 이 즈시厨子에는 전후좌우 정면의 다섯 면에 그림이 있는데, 대좌台座의 좌우 그림 중 오른쪽 그림은 「사신사호본생도捨身飼虎本生圖」이고, 왼쪽 그림이 여기서 내가 다룬 「시신문게본생도」이다. 둘 다 사신捨身, 사명捨命에 대해 설파한 것으로, "만약 주린 호랑이에게 몸을 던

29 가릉빈가伽陵頻迦. 사람의 머리를 한 상상의 새이다. 『아미타경阿彌陀經』, 『정토만다라淨土曼茶羅』 등에 따르면 극락정토의 설산雪山에 살며 울음소리가 곱고 극락에 둥지를 튼다고 한다.

져 주면 사신이다. 만일, 의로운 사람이 위험을 보고 목숨을 던지는 것은, 뜻하건대 사명이다"라고, 쇼토쿠 태자께서 말씀하셨다. 이 왼쪽 그림의 기본을 이루는 설화는 『대반열반경』[30]의 「성행품聖行品」에서 인용한 것으로, 이 바라문은 나찰을 위해 몸을 바쳤으나 나찰로 보였던 것은 사실 나찰이 아니라 제석천이었고, 바라문이 몸을 던져 참된 생명을 얻은 것을 설한 것이다.

30 『대반열반경大般涅槃經』은 만년의 석가가 열반에 이르는 도정道程과 그 사적事跡을 기록한 경전이다. 설법의 모습과 내용, 입멸 후의 화장과 사리舍利의 분배 등, 석가의 입멸 전후를 정확하게 기록한 자료이다.

용비어천가

김종한[31]

용, 용
용이 승천한다.
혼돈을 빠져나가는 뱀의 몸통,
정적을 찢는 맹수의 발톱,
그것은 소용돌이 치고, 그것은 흐르고,

숨이 막힐 듯
회색으로 온통 뒤덮혀,
몸부림치고, 고꾸라지고,
순간,
서늘한 바람에 씻기고,

그것은 흐르며, 그것은 소용돌이 치며,
남청색을 덮어쓰고,

---

31 김종한金鍾漢(1914~1944). 호는 을파소乙巴素. 함북 경성군 명천 출생. 시인, 평론가, 번역가. 소곡「임자 없는 나룻배」를『별건곤』(1934.3)에 처음 발표했고『문장』에 정지용의 추천을 받았다. 니혼日本대학 예술과를 졸업한 후『부인화보婦人畵報』기자로 근무했으며 귀국 후 1942년 2월부터『국민문학』편집을 담당했다. 일본어 시집『어머니의 노래垂乳根之歌』(인문사, 1943), 역시집『설백집雪白集』(박문서관, 1943)이 있다.

고꾸라지고, 몸부림치고,
"엄마, 용!"
허공에 켜지는 붉은 금빛의 안광.

"왜 그러니?,
가위를 다 눌리고—"
이마에 어머니의 손이 놓여 있었다
"벌써, 날이 밝았단다"
"—용이, 엄마"

용, 용,
용이 승천한다.
우리 동양의 전설에는,
새로운 세상이 열릴 때에는
반드시, 용이 승천한다.

國民文學

1944.2

초상

시로야마 효[32]

만나러 가면
붙임성 좋은 얼굴로
싹싹하게 눈웃음 지었다
언제나 보브 단발[33] 머리를
빗고 있고
리본 따위 한 번도 달아본 적이 없다
세 아우를 혼자 돌보고
장난이라도 시작하면
부드럽게 흘겨보며
"아버지께 혼나"
시냇물 같은 목소리로 말한다
그리고 방공 연습 때에는

---

32 시로야마 효(城山豹, 생몰년 미상). 한국인으로 본명 미상. 시로야마 마사키城山昌樹라는 이름으로도 시를 발표했다. 1942년 오사카大阪의 시 잡지인 『일본시단日本詩壇』에 다수의 시를 발표했으나 그 외 행적은 알려진 바가 없다. 2005년 간행된 『재일코리안 시선집在日コリアン詩選集ー一九一六年～二〇〇四年』(森田進・佐川亞紀 編, 土曜美術社出版販賣)에 「하얀 풍경白い風景」외 2편이 수록되어 있다.

33 짧은 단발머리. 제1차 세계대전 이후 여성들의 사회 진출이 늘어나면서 1920년대 유럽에서 유행하기 시작했다. 1929년 최승희가 일본에서 귀국하면서 선보인 후 신여성의 상징이 되었으며, 1930년대 이후 전시기에는 간편하고 단정한 머리 모양으로 여겨졌다.

어린 산양처럼 뛰어다니고
잠깐 틈이 나면 혼자서
『젊은 베르테르의 슬픔』을 애독하며
때때로 노트에
단카[34]를 쓰고 있다
강변에 산책을 나갔을 때
내가 익살을 부리면
달맞이꽃인가 싶게
볼을 갸웃하며
산들바람처럼 웃었다

34 단카短歌는 5・7・5・7・7의 음수율을 지닌 일본의 전통시를 말한다.

아이들의 놀이

이 찬[35]

무릎까지 빠지는 눈 덮인 공터에
아이들의 전쟁놀이—

주먹만 한 눈덩이 뭉치고 또 뭉치고 던지고 맞고
바람도 없는 눈보라 속에 이편 저편 뒤엉켜 한바탕 격전…

이윽고 손시늉으로 휴전 나팔 울리고 눈범벅인 채 각각 다시 줄을 지었다
눈썹 머리에 커다란 혹이 난 아이 한쪽 끄트머리에 붙는다

모르겠구나 어느 편이 이겼는지 그저 대장은
해산을 고한 후 비로소 그 아이에게
다가가 위로하며 업고 돌아가는 것을 본다
형일 테지 그 등 위에서 그제서야 가냘픈 울음소리 흐른다

35 이찬李燦(1910~1974). 함경남도 북청 출신. 일본 유학 중 임화 등을 만나 사회주의 문학 운동에 가담했고, 카프 중앙위원으로 활동하다가 1932년 검거되어 약 2년간 옥고를 치렀다. 이후 고향인 북청을 중심으로 활동했으며, 분단 이후 북한 정권의 성립과 관련된 정치적 경향성이 강한 시를 창작했다. 〈김일성 장군의 노래〉(1946) 작사가로 유명하다.

아아　모든 것을　견디는　우리 싸움의 길
이미　이 아이들　속에 있구나 !

1944.2

총에 대하여

오시마 오사무[36]

조용히 총을 보라.
섬뜩하리만큼 둔탁한 검은빛이다. 하지만
날카롭고 강인한 그의 표정을 보라.

그는 궁극의 절망에서도 과감한 광명을 발견하고
그는 무궤도의 진흙땅에서 굳세게 한 줄기 궤도를 개척하고
그는 동란의 한가운데에서 오히려 침정沈靜을 약속하고
그는 희생에서 종종 완성을 품고
그는 이미 알려진 것에서 천리 밖 미지를 내다보고

그는 고독하되 사색한다.
그의 사색은 단순하되 다양하다.
그에게는 과학이 먼저 있었으되
또한 그는 항상 예술을 발산한다.
그가 가는 곳 반드시 세기의 깃발이 된다.
그의 일갈은 어김없이 세기의 굉음이 된다

36 오시마 오사무大島修(생몰년 미상). 한국인으로 본명 미상. 이 시는 2005년 간행된 『재일 코리안 시선집』에 수록되어 있다.

그는 불가사의인 것일까.
그는 이치를 넘는 선환[37]인 것일까.
그는 괴물이다. 하지만
그는 걸작이다.
그는 인생이 낳은 최대급의 걸작이다.

그는 무뢰한 노예가 아니다.
그는 멀리서 온 빈객도 아니다.
일찍이 그의 부모가
그의 인격을 모두 박탈한 그때
우리들은 그에게 '진실'의 생명을 부여했다.
그는 우리들의 충성스런 사도이지만
그야말로 우리들의 수호신이다.

그런 그가 분개한 것이다.
그런 그가 결연히 일어난 것이다.

지금 그의 전우는 남북으로 흩어져
동서로 뛰어다니고
그 전우의 비할 바 없이 뛰어난 공훈을
그는 지금 천천히 음미하고 있다.

---

37 선환仙寰. 신선이 산다는 곳 또는 그러한 경지.

그는 함부로 발언하지 않는다.
그는 무턱대고 탄식하지 않는다.
그의 눈앞에 죽음이 도래하여도
그는 침착함을 잃지 않는다.
이윽고 그도 나아가리라.

하지만 지금 그는 미소 짓듯 가로누워 있다.
그의 뇌리에 만감을 품고.

○

총.
일억의 단심을 담아
일억의 비원을 모아
아무 일도 없는 듯
무슨 일이 있는 듯
태연히 선반에 가로누운 자.
총.
무시무시한 환상과 현실을 능가하여
거리와 시간 아득한 저편에서
당치않은 위업을 꾀하는 자.
총.

그러기에 더욱
공고한 침묵으로 장전되어
침착하게 헤아릴 수 없는 것을 헤아리는 자.
총.
조용히 총을 보라.

1944.2

산수의 향기

조영출[38]

가붓하게　꽃잎이　흩날리는
산수의 향기　그 설렘을　어찌하랴

이슬　한 방울
모래　한 톨에

깃들어 있는　생명　생생하게
형兄과　같이　아름답다

이　태고의　신이 깃든　곳
신비롭게　피어 고이는　보랏빛 연기

바람은　나무들의 우듬지　사이를　거닐고

38 조영출趙靈出(1912~1992). 극작가, 유행가 작사가. 1934년『동일일보』 신춘문예 시가 부문에 「동방의 태양을 쏘라」로 당선했다. 1940년 일본 와세다早稲田 대학을 졸업했고, 귀국 후 조명암이라는 이름으로 작사, 작곡, 가무극 각본 제작 등을 통해 일제에 협력했다. 해방 직후 좌익 극운동에 참여했으며, 1948년 월북하여 북조선 연극동맹의 핵심 요원으로 활약했다. 희곡 외 시나리오, 가극 등의 작품을 다수 남겼고, 『조영출 시선집』, 『조영출 희곡선집』 등이 있다.

사람의 딸들은　도토리 열매를　주우며

천천히　읊조리는　사키모리의 노래[39]를　듣고
누군들　미소 짓지 않으랴

미소　속에서
빛나는　눈동자　속에서

활을　치켜들고　강림한
신화 속　대장부들은　길을 떠났다

그　어머니처럼
그　아내처럼

꽃도
풀도

물도
새하얀 돌도

---

39 사키모리防人는 고대 일본에서 기타큐슈北九州 지방의 국경 수비를 위해 징발된 병사를 말한다. 663년 백제 부흥군 출정 이후 제도화되어 9세기경까지 운영되었다. 『만요슈』에는 사키모리와 그 가족들의 노래가 수록되어 있으며, 애국심의 표본으로서 전시기에 국민을 동원하는 수단으로 이용되었다.

모두　신의 뜻에　잠겨 있는
이는　애틋한　기도의　모습이어라

나　어찌　홀로　기도하지 않을 수 있으랴
산수의 향기　이 설렘을　어찌하랴

國民文學

1944.3

사신사호본생도捨身飼虎本生圖

다마무시노즈시 우측면

사토 기요시

철 기둥 같은 대나무 숲속에,
앳된 일곱 마리 새끼를 낳고,
굶주림에 미친 암호랑이는
그 일곱 마리 새끼를 잡아먹으려 한다.
그것을 보고,
정원을 소요하던 왕자의
심장의 고동은 멈추고,
손발은 급격히 차가워지고,
커다래진 두 눈 속에는,
깊은 결의가 물결쳐 온다.
"보고만 있을 수 없다.
즉시 구해야만 한다"며.
갑자기, 그는 옷을 벗고,
호랑이를 향해 거꾸로 몸을 던진다.
(이때,
어지러이 흩날리는 연꽃은,
왕자의 몸 주위를 아로새겼다.)
하지만, 눈앞의 아름다운 살도,

유혹이 되지 못할 만큼,
호랑이는 극심한 굶주림에,
그대로 꼼짝도 하지 않는다.
왕자는 그 자리에서 꺾은 대나무를
목에 찔러 넣어, 혈관을 찢으니,
피가 쿨럭쿨럭 끊임없이 흐른다.
큰 호랑이는 왕자의 피에 흥분하여, 왕자의 피에 범벅이 되고,
구릿빛 거죽도 점점 그 빛이 뚜렷해지고,
(조릿대 잎은 빙글빙글 춤추며 날아갔다.)
소리도 내지 않고, 목을 축였다 싶자,
호랑이는 비로소 가물가물하던 기력을 되찾는다.

자신을 깔고 앉은 호랑이에게,
육신을 주는 왕자의 자비,
들러붙은 일곱 마리 호랑이 새끼에게,
대나무 숲속에서,
자신의 살을 주는 왕자의 자비,
지금 세상에는 상상조차 할 수 없는,
맹수에게 몸을 주는 왕자의 자비.

아아,
사신사명捨身捨命!
시공을 가로질러, 눈부시게,
그림 전체에 정토가 빛나고 있다.

1944.3

이십 년 가까이나

사토 기요시

이십 년 가까이나, 여기 있자니,
나도 여기서 나고 자란 듯한 느낌이 든다.
하지만 공간적인 내지[40]의 의미도,
시간적인 내지의 의미도,
여기에 있으면, 두려울 만큼,
새로운 모습을 갖추고 닥쳐오는 것이다.
역사의 깊이가 참으로 심오하게 다가와,
특히, 요즈음 우리들 사상의 비약은,
천 년 전의 세세한 곡절을 '지금'의 이치로 돌아보게 하고,
정맥의 말초까지도 푸르게 비쳐 보이니,
우리는 같은 뿌리라는 사실을 실감하게 하는 것이다.
우리는 뭐라고 해도 하나이고,
또, 하나가 되지 않으면 살아 있을 수 없는 것이다.
나는 죽더라도,
이 신념만은 영구히 새겨져 있기를,
한 그루 나목에도, 하나의 돌멩이에도,
저녁놀 같은 적토에도, 성스러운 푸른 하늘에도.

---

40 내지內地. 일본 제국 시대에 식민지에 대비하여 일본 본토를 지칭한 말이다.

學文民國

1944.4

비시향과[41]

다지마모리[42]의 계보를 생각하다

가네무라 류사이

1

스이닌 천황[43] 치세 3년
아메노히보코[44]라는 신라의 왕자
해가 솟아오르는 동쪽을 향해
조각배로 떠돈 바닷길의 파도는 몇 겹 몇 길
하리마쿠니의 시사하 고을[45]에 도착해 보니
때는 아름다운 춘삼월
꽃이 만발한 세상은 모두 소리 내어 노래한다

---

41 비시향과非時香菓. 정해진 때가 없이 언제나 향기로운 열매라는 뜻으로 귤을 가리킨다. 불로불사의 영약으로 여겨졌으며, 영속성과 영구성을 상징한다는 점에서 벚꽃과 대비되기도 한다.

42 다지마모리田道間守는 일본 신화 속에 등장하는 인물이다. 아메노히보코天日槍의 자손으로, 스이닌垂仁 천황 90년에 명을 받아 비시향과를 구해 왔다고 하며, 미야케三宅 씨의 시조이자 과자의 신으로 모셔지고 있다. 이 시는 『니혼쇼키』에 전하는 내용을 재현한 것이다.

43 스이닌垂仁 천황. 제11대 천황으로 99년간 재위했다고 전해진다.

44 아메노히보코天日槍는 신라의 왕자로서, 『니혼쇼키』에 의하면 성황聖皇을 찾아서 보물을 가지고 일본에 건너왔다. 여러 지방을 편력하며 거주할 곳을 찾아 현재의 효고兵庫현에 해당하는 다지마쿠니但馬國에 정착했다고 한다.

45 하리마쿠니播磨國는 현재의 효고현 남서부에 해당하는 지역이며, 시사하宍粟邑 고을은 현재 시소宍粟시라는 지명으로 남아있다.

도성에서 보낸
오토모누시와 나가오치[46]는 수상히 여겨
“그대는 어느 나라의 누구인가”
아메노히보코 답하여 아뢰기를
“소생은 신라의 왕자이오
야마토의 나라에　　성황聖皇이 계신다고 듣자와
내 나라를 아우 지코[47]에게 주고 귀화하오”

그리고 신臣이 바치는 것은
이 일곱 가지의 공물이오—
하후토 구슬[48]　　하나
아시타카 구슬[49]　　하나
우카카노 아카이시 구슬[50]　　하나
이즈시[51] 단도　　하나
이즈시 창　　하나

---

46 일본 고대의 호족이다. 오토모누시大友主는 『니혼쇼키』에 등장하는 스사노오노 미코토의 11대손이자 미와三輪 씨의 시조로 알려져 있으며, 나가오치長尾市는 야마토倭 씨의 시조이다. 아메노히보코가 도래하였을 때 이들을 조정에서 파견하여 심문했다고 한다.

47 아메노히보코는 국내 학계에서 천일창으로 일컬어지며, 유리왕의 적장자이자 신라 제 7대 왕인 일성왕逸聖王으로 보는 견해가 있다. 이 견해에 의하면 지코知古는 그보다 먼저 왕이 된 파사왕婆娑王이다.

48 하후토 구슬羽太玉은 발음으로 유추하건대 끝부분이 두껍고 뭉툭한 모양의 구슬로 추정된다.

49 아시타카 구슬足高玉은 발이 달린 구슬, 또는 다리가 긴 대좌가 붙어 있는 구슬이라는 의미이다.

50 우카카노 아카이시 구슬鵜鹿鹿赤石玉은 붉게 빛나는 돌로 만든 구슬이라는 의미로 추정된다.

51 이즈시出石는 하리마쿠니에 있었던 지명이다. 현재 효고현 도요오카豊岡시 소재 이즈시 신사에서 아메노히보코와 그가 가지고 왔다고 하는 신물을 모시고 있다.

해거울　하나
구마노 히모로기[52]　한 구具
　(곧 다지마쿠니[53]에 보관하여
항상 신물로 삼았다)
또한 아메노히보코가 바라는 대로
살기 좋은 땅을 찾도록 허락하고
그 마음가짐을 가상히 여겼더라

이리하여 아메노히보코는 기뻐하며
도공인 종자들과 우지카와[54]의 상류로 가서
오우미쿠니의 아나 고을[55]에 잠시 살다가
이윽고 와카사쿠니[56]를 거쳐 다지마쿠니에 와서 정착하여
아름다운 자태의 마타오麻多烏를 아내로 맞으니
대대로 이 땅에서 번영하였다네
그 아들은 다지마노 모로스케但馬諸助
그 손자는 다지마노 히나라키但馬日楢杵
그 증손은 기요히코清彦
그 현손이 다지마모리라네

52 구마노 히모로기熊神籬는 신체神体가 겉으로 노출되지 않도록 덮어서 둘러싸는 도구, 즉 일종의 감실을 말한다. 혹은 일설에는 곰의 쓸개를 가리킨다고도 한다.
53 다지마쿠니但馬國는 현재의 효고현 북부 지역에 해당한다.
54 우지카와菟道河는 효고현 고베神戸시의 오쿠라야마大倉山 동쪽을 흐르는 우지카와宇治川를 말한다.
55 오우미쿠니近江国 아나 고을吾名邑은 현재의 시가滋賀현에 해당하는 지역이다.
56 와카사쿠니若狭国는 현재의 후쿠이福井현 남부 지역을 말한다.

2

천황의 치세 구십 년 봄 이월
다지마모리를 도코요노쿠니[57]에 보내어
가장 훌륭하고, 진귀한
비시향과를 구해 오게 하셨으니
다지마모리는　명을 받자와 황공하게 길을 떠났다네
허나, 그 길은 너무나 까마득하고
그 구하는 물건은 너무나도 찾기 어려웠어라
어쩌랴, 만 리 이역 홀로 헤매고
아아 궁궐을 그리는 정 십 년이 헛되었어라
천황의 치세 구십구 년 칠월
단풍이 아직 이른 들과 산에
서리를 부르는 가을바람이 슬프게 일어나
아아　천황폐하께서는
마키무쿠[58]의 궁에서 붕어하셨네
이 다지마모리의 복명復命
끝내 듣지 못하시고

57 도코요노쿠니常世国는 고대 일본인들이 상상한 불로불사의 이상향 또는 황천국을 가리킨다.
58 스이닌 천황이 황거로 삼았던 마키무쿠노 다마키노 미야纏向珠城宮. 현재의 나라현 사쿠라이桜井시 미와야마三輪山 일대로 비정比定되며, 국가 사적으로 지정되어 있다.

이듬해 봄 삼월
다지마모리 이제 여기
빰이 야위고 여정에 지쳐도 아랑곳없이
오직 한결같이 연모의 마음을 불태워
바로 이것 비시향과 여덟 꼬치 또 여덟 꿰미
가득 들고 돌아왔건만
아아 천지에 때는 이미 지나고
폐하께서는 아니 계시니

스가와라의 후시미 능[59]에 합장 배례하고
미천한 몸 쓰러져 뒹굴었네
애통해라, 다지마모리 슬피 울며 아뢰기를
"황공하옵게 어명을 받자와
창해의 험준한 파도를 밟고
끝을 모르는 약수[60]를 건너
저 신선의 비경인 도코요노쿠니에
다녀오는 사이에 십 년이 지났으니
지금 다행히 무사하게 돌아옴도
오로지 천황 폐하의 보살핌이온데

---

59 나라시 소재의 스이닌 천황릉으로, 호라이산宝来山 고분이라고도 한다. 해자의 동쪽에 다지마모리의 무덤이라 일컬어지는 작은 섬이 있다,

60 약수弱水 : 중국 신화에서 신들이 산다고 여겨지는 곤륜산崑崙山 주위를 흐르는 강이다. 곤륜산에는 불로불사의 약을 지닌 여신인 서왕모西王母가 살고 있다고 전해 온다.

그렇지만 이리도 오랜 세월을 허비하였으니
어찌 불충의 죄를 면하리까
이 비시향과가 무슨 보람이 있으리까
신 또한 살아남아 무슨 득이 있으리까"
가련타, 가련타 순수한 충신 다지마모리
소리 내어 외치며 곡하고, 울부짖다가
목청이 피로 찢어져 결국 머리를 들지 못했네
아아　왕릉 곁의 풀을 베개 삼아
별똥별처럼 목숨이 스러졌다네
이를 듣고, 이를 보고
하늘의 구름도 가지 못하고, 새도 노래하지 못하였네
고관 대신들도 모두 눈물을 흘렸다네
들판의 사람들도 안타까워하며 찬양했네
—오오 충성된 죽음!　다지마모리의 혼백이여

1944.4

國民文學

1944.5

바다의 노래

스기모토 나가오[61]

산길을 멀리 돌아가자
사월의 바다가 보였다
일본의 눈동자라고도 여겨지는
일본해의 새파란 물이
벽옥碧玉의 하늘과 하나로 이어져 있다

다가갈수록
풀기 어려운 고혹의 표정으로
바다는 나의 마음을 끈다
인적 없는 바닷가에서
종일토록 속삭이는 바다
그 속삭임에는 전투의 울림이 깃들고
바다에 나간 젊은이들의
귀에 익은 목소리도 감추어져 있다

---

61 스기모토 나가오杉本長夫(1909~1973). 히로시마広島현 출생. 경성제대 4회 졸업생으로 영문학을 전공했다. 사토 기요시 밑에서 최재서와 함께 수학한 것으로 알려진다. 조선문인보국회 시부 회장을 역임하는 등 조선문단에서 활약했다. 시집 『돌에게石に寄せて』(1955)가 있다.

젊은 날의 바다를 향하여
길 떠날 날을 오직 홀로
나는 알 수 없는 음악에 귀 기울인다

1944.5

벽령碧靈의 목소리

사토 기요시 씨에게

가와바타 슈조[62]

자연도 마음도,
그 어떠한 것도,
부유浮遊를 허락하지 않는 그 강렬함,
온통 벽령碧靈의 푸른빛으로 칠해져,
언뜻 무위라고밖에 달리 생각할 수 없다.
이방인은 누구를 말하는 것인가.
당신이야말로,
조선을 향한,
정기正氣에 만취한 자.
내리쬐는 햇빛과 한기와 벽공을,
아름답게 되돌려,
단절된 미에 천년의 힘을 부여하여,
거의 죽어가는 귀에,
뜨거운 숨결을 불어 넣고 또 불어 넣으며,

---

62 가와바타 슈조川端周三(생몰년 미상). 사토 기요시가 주관했던 『경성일보』의 「경일시단」을 통해 조선시단에서 활동했다. 『경성일보』에 「잠수부潜水夫」(1930.5.1), 「몰락층沒落層」(1930.8.14), 「겨울을 맞이하다冬を迎へる」(1930.12.28), 「겨울冬」(1931.1.1) 등을 발표했다.

은밀한 인정과 생명을,
야마토大和로 향하는 귀의의 길에 꽃피게 한다.
교지유호[63]에서 비색을 찾고,
혼의 그림자인 듯 혼란케 하는,
고려의 하늘[64]을 노래하고,
마침내 담징, 혜자를 위해 곡하는,[65]
정토 일본으로의 절절한 애착과 비원.
(아아 기쁨은 기나긴 어둠이 지나고서야 왔다)
당신의 시를 소리 내어 읊고 있노라면,
혼이 응결된 시구의 여운은,
피로써 맑게 갠 벽천碧天에서,
방울져 계속 떨어지고,
메마른 마음은 그 이상하게도 아름다운 꽃장식의 그늘에서,
황홀한 아악雅樂에 가득 채워지고 만다.
이것을 내 영혼의 제전으로,
누려도 되는 것일까.
이것은 벽령의 목소리가 아닐까.

63 교지유호交趾釉壺. 교지 도자기는 명대 말부터 청대에 걸쳐 중국 남부의 광동성廣東省과 복건성福建省 일대에서 생산된 것으로, 다양한 색상의 유약에 저온으로 소성하여 표면에 섬세한 관입貫入을 형성시킨 것을 말한다. 현재의 베트남의 북부에 해당하는 교지군交趾郡의 무역선에 의해 대만 일본 등지로 전파되었다. 사토 기요시의 시집 『벽령집』에 「교지유호-이왕가 미술관」이라는 제목의 시가 수록되어 있다.
64 『벽령집』에 「고려의 하늘」이라는 제목의 시가 수록되어 있다.
65 『국민문학』 1943년 1월호에 「담징」, 8월호에 「혜자」가 각각 실렸다.

사모시편

노리타케 가즈오

그 풍부한 뺨은
지금, 무엇을 생각하고 있을까.

느릿느릿 넘어가는 해 아래
하얀 빛 속에서
나는 그 안으로 걸어 들어갔다
그리고 너를 찾아낸 것인데—.
박물관의, 그것은 유리 함 속에 담긴 삼국불[66]
나는 너를 만나기 위해 여행을 했다.
그리고 나는 곧 나갈 몸
너와 다시 만날 일도 없을 테지
하물며 융복戎服을 입을 몸이니—.

청동은 낡아, 푸른 녹이 슬고
오른손 검지를 뺨에 대고

---

66 사토 기요시의 시집 『벽령집』에 수록된 시 「삼국불—금동여의륜관음상三國佛—金銅如意輪觀音像」에서 다룬 불상과 같은 것으로 여겨진다. 다만 이들이 접한 불상이 구체적으로 어느 것인지 명확하지 않다.

팔꿈치를 들어
오른쪽 무릎에 대고 있다.
왼쪽 허벅지는 그대로 아래로 흐르고 있다.
삼국시대 반가상이라는 것이다.
나는 다시는 잊지 않으려
너를 똑바로 바라본다.
먼 옛날, 일찍이 너와 닮은 사람을 알고 있었던 것처럼
속눈썹 아래의 그림자를.
그것은 눈을 뜨고 있는 것 같지도 않다
그것은 웃고 있는 듯
그림자가 빛이 되어
또 나의 눈길에
이미 대답한 듯 잠잠히 있다.

천년이나 너는 그리해 온 것인가.
지금, 유리 함 속에서
천년 동안 같은 자세를 하고
어깻죽지를 따라 천년이나 미를 흘려보내며
당신은 살아 왔다.
너는 신비한 생물이다.
사모의 마음이 녹아
호수처럼 요예搖曳함을
나는 유리 함에 유배되어 못 박힌 너의 어깨 끝에서 본다—.

그 사이 삼 년이 지나 버린 듯
나는 느껴진다.
나는 눈을 깜빡인다.
햇빛이 희고 격렬한 바깥으로
나는 발길을 돌린다
하얀 나비처럼 네 위에 머무는 것을
네 위에 남겨 두고 —

— 조선풍물지 중 하나

國民文學

1944.7

학도병의 꽃

우리 조선 출신인 미쓰야마 마사히데[67] 상등병의 영령에 바치는 시

가네무라 류사이

앞장서 지원한 그대에 이어
정든 학모學帽를 바람에 날려 버리고
새로운 군모에 별을 받고
붓을 칼로, 서책을 지도로 바꾸었을 때
수만의 발걸음은 푸른 구름을 피워 올렸다

저 군문으로 몰려 들어가는 영광스러운 날
입영기入営旗에 적힌 그대들의 이름이 아침 바람에 울리며
봄을 기다리는 벌거벗은 벚나무 가지에 휘감겨 안길 때
내 만세의 목소리는 뜨거운 눈물에 목메었다
오오 그 후로 반년 너는 어떠했는가

새벽을 불러 소등을 고하는 나팔 소리에
연병장 어린 벚나무는 조용히 되살아나

---

67 미쓰야마 마사히데光山昌秀. 조선 출신 학도병 최초의 전사자로 알려진 인물이다. 교토京都제국대학 법과 1학년 재학 중이던 1944년 1월 20일에 지원 입대하여 북지北支에서 철도 경비를 담당하던 중 전사하였다. 전사 후 이등병에서 2계급 특진되었고, 고이소 구니아키小磯国昭 조선 총독이 직접 문상했다고 한다. 전사 일시, 장소 등은 불명이다.

그대들 모교와 고향의 초목과 함께 꽃 피고
그대들 금장의 별은 하나하나 늘어 갔다
그리고 선봉으로 그대는 북지北支 전방에 선 것이다

반딧불이도 아직 이른 대륙의 밤 침묵 속에
철도 단독 경비 중 급습한 대적을 맞아 싸우다
아아 벌판 풀잎 위에 붉은 피를 흘릴 때
"적은…… 적은" 죽어 가면서도 임무를 잊지 않고
"천황 폐하 만세" 전우의 가슴에 꽂은 새겨졌다

우리 이천 오백만,[68] 그리고 징병된 후배 백만
이 비보에 분노가 타오르려 할 때
이 계급 특진의 은명恩命에 더욱 감읍하여 외친다
"여기 그대라는 꽃 있네. 아름다운 조선 있네
오오 신위神位에 오를 영령이여 편히 잠들기를"

68 1940년대 조선 인구이다.

생산 전선에서 노래하다

부족한 물에도 개구리는 화합하고

가와바타 슈조

야근 소리는 아직 계속된다.
늦은 봄 밤과 새벽 사이.
출항을 준비하는 함대처럼
공장이란 공장은 불을 밝히고
건물 전체가 웅웅거리고 있다.
때 아닌 싸락눈과 진눈깨비는
모터들의 엄청난 회전이
지축의 기울기를 바꾸기 때문은 아닐까.
산소 용접의 섬광에
번쩍하고 드러나는 철탑의 애자礙子와 튜브.
잡초 벌판.
수북이 쌓인 쇠붙이들.
인입선引入線의 빨간 등불에서만
어렴풋이 안도를 느끼지만
그렇다고 즐겁다 할 만한 것은 아니다
어린잎의 산들거림과 개구리 울음소리에도
시시각각 닥쳐오는 긴박감.

전장에서, 영령으로부터

끊임없이 충전되는 정신이 방출하는

저들의

강렬함.

—북선 제강소에서

생산 전선에서 노래하다

현장의 점심

흑연 광부에게 보냄

사토 노부시게[69]

번들번들 새까맣게 빛나는 얼굴,

눈빛과 입술만이 묘하게 눈에 띄는 얼굴,

더러워진 작업복도 처음에는 깨끗한 흰옷이었겠지.

땀으로 범벅이 된 검은 머리띠도 보송보송한 수건이었는데……

빈두로[70] 같은 모습,

그 검게 빛나는 손으로 도시락을 연다

작은 소금 봉지를 열고는 젓가락으로

조밥을 크게 떼어 입안 가득 넣으니 볼이 미어진다

즐거워 보이는 식사, 천장은 창공,

앉은 곳은 흑연이 가득 찬 가마니 위—

광맥과 씨름하던 방금 전의 강인함은 온데간데없고

소박한 말들이, 웃음 나올 곳을 서로 찾고 있다.

---

69 사토 노부시게佐藤信重(1902～1981). 1931년에 『장편 서사시 탄광부長篇敍事詩炭坑夫』(海圖社)를 출간한 기록이 있다.

70 불교의 18나한 가운데 첫 번째 존자. 석가모니의 뜻을 받들어 열반에 들지 않고 중생을 제도한다는 성인이다. 흰머리에 긴 눈썹을 가졌다고 전해지는데, 이 시에서는 일본 도다이지東大寺의 빈두로존자상賓頭盧尊子像을 지칭하는 것으로 보인다. 이는 에도 시대江戶時代(1603～1868) 제작된 목조상으로 검은 얼굴에 붉은 가사를 입고 있다.

산등성이 따라 굽이진 좁은 길 저쪽
사무소가 보인다, 선광장選鑛場이 보인다
여기나 저기나 검게 빛나는 전장이다,
모두가 검게 빛나면 빛날수록
흑연 증산의 눈금이 오른다,
그러나, 보라, 저 깃발을
사무소 앞 광장에 나부끼는 국기의 색깔을!
저것만은 눈부실 정도의 흰빛이다
타오르는 듯한 붉은 히노마루![71]

나의 감상 따위와는 관계없이
잠시 한숨을 돌린 광부들은, 묵묵히 광구로 들어갔다.

71 히노마루日の丸는 태양, 붉은 원을 의미하며 일장기의 다른 이름이다.

신인추천 갈매기

이라이 운페이新井雲平

바다가 너무나도 넓어
갈매기는 어찌할 바를 모른다

끝없이 펼쳐진 지평선
날개를 펼친 갈매기

동틀 무렵
바다가 너무나도 조용하여
갈매기는 저리도 소란스럽다

신인추천 **등불**

아라이 운페이

수많은 밤들을 불 밝히고
나는 기도해 왔다

밖에서는 입 다문 나무들의 우듬지에
귀 밝은 바람이 휘감겼다가는
다시 조용히 멀어져 갔다

오로지 하나만을 빌며
그것만으로 나의 입술은 메말라 갔다

신인추천 할머니

아라이 운페이

열다섯에 시집왔다고 한다
할머니가 손수 짠 삼베는
물을 부어도 새지 않았다—

삼촌은 그것을 입고 일하고
나도 그것을 입고 길을 떠났다

양복을 입고 할머니 댁에 찾아가니
이제는 힘 빠진 손을 내밀어
몇 번이고 윗옷을 만져 본다

나는 옛날 할머니께서 손수 잘라 주신
배꼽까지 함께 보이고 만다

國民文學

1944.8

무제

사이판섬 전원 전사 영령을 맞으며

다쓰시로 시즈오[72]

구단[73]의 하늘 높이　향을 피워라
어머니여. 구름과　해와 달　별을 위해서가 아닌
우리 살아 있는 몸　불덩이 되어　숨이 끊어짐에!

어머니여　이 풍요는　슬픔이 아니니
내 어깨에　하늘은 지금 너무나 무겁다

꽃들도,
산들거리는 나뭇잎들도,
너무나 무겁다.

어머니여. 저곳이다, 당신이 낳은 우리 동포의 벽령碧靈 모두 돌아오는 곳은

애투[74]에서, 마킨・타라와[75]에서, 그리고 사이판[76]에서,

---

72 다쓰시로 시즈오達城靜雄. 서정주의 창씨명이다.

73 구단九段. 도쿄 이치가야市ヶ谷에서 야스쿠니靖国 신사 옆으로 이어진 언덕길을 말한다. 1939년 〈구단의 어머니九段の母〉라는 노래로 널리 알려졌다.

74 애투섬Attu Island은 미국의 알류산 열도Aleutian Islands에 위치한 섬으로 키스카섬Kiska Island과 함께 태평양전쟁 중에 일본군이 점령한 지역이다. 1943년 5월 12일 미군의 공격이 개

전원 전사하여 돌아오는 곳은

저곳이다 저곳이다 아아 견딜 수 없는 빛이 더욱 짙어지고

어머니. 저 웅대한 외침은 저곳이다

푸르른 피가 끊임없이 이어져

위대한 목소리, 나를 부르는구나.

아아 기쁘구나 기쁘구나

산 제물은 내가 아니면 달리 없으리.

어머니. 나 또한 창을 들고 서리라

배 띄우리라

사이판으로!

마킨・타라와로!

애투로!

시되어 17일간의 전투 끝에 수비대 2,600여 명이 전멸하였다.

75 길버트 제도Gilbert Islands에 위치한 타라와 환초Tarawa Atoll와 마킨 환초Makin Atoll를 말한다. 중부 태평양의 관문에 위치한 전략적 요충지로서 1943년 11월 20~23일 일본군 수비대와 미군 사이에 격전이 벌어진 곳이다. 과달카날Guacalcanal을 빼앗긴 일본은 타라와에 거대한 콘크리트 요새를 건설했는데 당시 동원된 노동자 중 대부분이 조선인 징용 군속이었다. 두 전투에서 일본 측 수비대 약 5,500명이 전멸했으며 이 중 조선인 징용자가 1,400명에 이른다.

76 제1차 세계대전의 연합국 측에 참여했던 일본은 사이판 위임 통치령을 획득하여 일본인 이주를 장려했다. 태평양전쟁 당시 사이판은 일본 본토를 타격할 수 있는 전략적 거점이었으므로 1944년 6월 15일~7월 9일에 걸쳐 격전이 벌어져 양측 모두 수많은 사상자가 발생했다. 특히 일본군은 이 전투에서 최초로 전원 옥쇄를 감행하여 민간인들까지 모두 자살했다.

한카[77]

아아　기쁘구나　기쁘구나
오가는 바람에　빰을 맡기고
나, 여기 숨 쉬며　황국에 있음이.

77 한카反歌는 조카長歌의 말미에 덧붙여 내용을 요약하거나 보충하는 일본의 전통 시 형식의 하나이다. 조카는 5음과 7음을 교대로 3회 이상 반복한 후 마지막을 5・7・7로 마무리하는 형식으로, 마지막에 1수 또는 여러 수의 단카로 이루어진 한카가 추가된 많은 예를 『만요슈』에서 볼 수 있다. 다만 이 한카는 단카 형식은 아니다.

일억의 분노

스기모토 나가오

아아, 사이판의 비보를 접한다
이 섬은 황토皇土의 수문장
내남양[78]의 중요한 전위 거점
잊어서는 안 될 6월 그날은 15일
침공하는 교만한 적의 불화살이 올랐다
일억 분노의 마음
낮이나 밤이나 기도를 올려
신명神命의 든든한 가호로
격멸의 불꽃을 태워도
열 겹 스무 겹 철관문으로
밀려드는 붉은 폭풍에
피와 힘 남김없이 바치니
최후의 병사와 동포 주민들
살덩이는 찢어지고 흩어져
남명[79]의 흙이 될지라도

78 내남양內南洋. 태평양의 미크로네시아Micronesia를 말한다. 서쪽에는 필리핀, 남서쪽에는 인도네시아와 파푸아 뉴기니, 남쪽에는 멜라네시아, 남서쪽과 동쪽에는 폴리네시아가 위치한다.

거국적으로 이어받은 맹세
폐하의 하늘에 사무쳐
적개의 일념　　　용암처럼 끊임없이 흐르리라
적들이 물량에 의지한다면 기필코
더 많이 낳고 더 많이 만들어
야마토의 혼　　　하늘의 날개 타고 높이 날아
쳐서 응징하리라
우리야말로 사면을 바다로
살아온 성스러운 땅의 백성
동쪽 하늘 천황의 깃발 아래 오순도순 살아온
기쁜 역사　사랑스런 백성
오너라 시련의 매
적개의 일념　　　용암처럼 끊임없이 흐르리라
늠연凜然한 굳은 결의로
오는 것 모조리
초멸剿滅하여 원수를 갚으리라

1944년 7월 21일

---

79 남명南溟. 남쪽에 있다고 하는 큰 바다를 의미한다.

상추

사토 기요시

한 포기 상추,
잘 씻은 한 포기 상추,
기름을 뿌리고,
소금을 약간 넣어,
따뜻한,
직접 지은 밥을 싸 먹는다,
석양을 마주하고,
흩날리는 아카시아를 마주하며,
홀로 먹는 상추,
최재서가 알려 주어,
올해도 먹는 맛있는 상추,
그러나 그것도
(긴, 긴 세월 지나)
올해로 마지막이 되었지만
혀에 닿는 감촉에는 티끌만큼의 감상感傷도 없다.
그러나 이 상추에 배어 있는 맛,
누가 이를 분석하고,
누가 이를 종합하리.

1944.8

어뢰를 피하여

대잠對潛 감시의 한 체험

아마가사키 유타카

감청색 한가운데
흰 갈기 세우고
쏜살같이 닥쳐오는 것 있다
미쳐 내달리는 준마駿馬인가
마른 침 삼킬 틈도 없는
일순의 긴장

어뢰! 어뢰! 어뢰!
솟구치는 아우성
갑작스런 외침
좌현!
좌현!
좌현!

경적 요란하게 울려 퍼지고
갑작스레 일어나는 소요의 기척
돌연 용골[80]이 삐걱거리며 부러지는 듯한
심한 선체의 동요

온몸이 공중에 뜨고
발밑이 뒤흔들리고
정말로 간발의 차이
요마妖魔와 같이
유성과 같이
우현에 닿을락 말락
전율을 일으키며
무섭게 내달리는 철체鐵體의
푸른 도마뱀은 갈라지고
비약하는
흰 선 한 줄기—

이윽고
뇌적雷跡의 허무함을 남기고
또 다시 배는 나아갔다
푸른 해조류 끝없는 곳
적도 가까운 너른 바다 속
위기를 품고 있는 침로針路
구름인 듯
땅인 듯
망막한 조망의 저편을 향하여

---

80 용골龍骨. 선박 바닥의 중앙을 받치는 길고 큰 재목. 이물에서 고물에 걸쳐 선체를 받치는 기능을 한다.

아무것도 알지 못하는 것처럼
아무것도 알지 못하는 것처럼

황군의 노래[81]

소에야 다케오

만요 시대의
이름 없는 시인들
그들과 같이
영화로운 치세를
나는 노래하리라

*

우리 황군이
가고 또 갈수록
아름답도록
고토다마[82]의 길을
멀리 열어 나가며

*

81 이 작품은 단카 6수로 이루어진 연작이다. 단카는 행 구분 없이 한 줄로 쓰지만 번역은 음수율에 따라 5행으로 옮겼다.

82 고토다마言靈. 언어에 영적인 힘이 깃들어 있다고 믿는 고대로부터 내려온 주술적인 신앙이다. 발화된 언어가 현실의 사상에 영향을 미친다는 믿음 아래 덕담을 통해 좋은 결과를 바라는 사상이다.

무얼 만드나
공장 안에 가득한
용접 불꽃들
유리 문에 비쳐서
밤길을 비추노라

*

숨을 죽이고
때를 기다리고 있는
전함 부대를
감싸고 움직이는
이 대기의 무거움

*

사이판에서
시체를 방패 삼아
싸우는 것을
그저 여기에 앉아
안타까운 우리들

*

학생 본분은

배움의 길이라고

장려하지만

혈투를 생각하면

잠시도 편치 않네

1944.8

사이판섬 사수의 보도가 당도하여[83]

오가와 모쿠우

이 국토는
조용히 가라앉고
고향에서는
오월의 모내기에
빗방울 흩뿌린다

*

사이판섬의
야마토의 딸들이
총을 잡으니
오늘 아침 수라는
기도가 되었다네

*

먼 이국에서

---

83 단카 3수 연작.

이 나라 부녀자를

죽게 하였네

내가 과연 어떻게

몸 둘 바가 있으리

1944.8

미천한 목숨[84]

다케나카 다이키치

천황폐하의
성스러운 방패로
바쳐졌으니
미천한 목숨들도
모두 존귀하구나

*

조상님들의
용맹한 외침 소리
옛날 그대로
지금도 울려오는
솔숲의 바람 소리

84 단카 2수 연작.

國民文學

1944.9

중대中隊 시집

노리타케 가즈오

1

차라리 느긋한 나날
다정한 봄날을, 이만큼 느껴본 적도 없다
그만큼 느긋한 나날이었다
봄 햇살 따뜻하고
구름은 또한 흰 양떼처럼 하늘에 펼쳐져 있었다
푸르고, 맑은 하늘 아래
그럴수록 매일매일 기총機銃을 익혔다
조작을 연습하며 산과 강을 건넜다
그렇게 날이 지나가고 있었다
그 사이 많은 동기들은 길을 떠나갔다
기병마騎兵馬처럼 하무[85]를 물고
낯선 전선에 나아가 스러졌다
그리고 남은 친구들 대부분과
새로 온 병사들을 훈련시키고 있다

85 군중에서 병사들의 입에 물리던 가는 나무 막대기. 떠드는 것을 막기 위한 것이다.

우리 위로 구름이 천천히 흐르고 있다
순백의 외투와 같은 구름을 뚫고
하얀 해가 비치고
2번 총수銃手의 이가 하얗게 웃는다
휘파람 불듯
공포空包가 지평선을 가르며 간다
남쪽의 전투는 날로 격해지고
그리하여 전선을 떠올리는 날이
날로 더하게 되었다

(봄 햇살)

어쩌다 문득
아무 하는 일 없이
앉아 있을 때
(그리운) 내 어머니
정이 복받쳐 왔네.

*

포근하게도
봄 햇살 내리쬐는
병사兵舍에도

중대의 마당에도
그림자 따뜻하고.

*

발리볼 경기
하는 시간이 있고
우리 중대의
마당에도 벚꽃이
망울져 맺혔구나.

*

중대 마당에
벚나무 가지에는
이름 모를 새
옮겨 다니는 가지
벚꽃 망울 맺혔네.

*

밤의 개구리처럼
모두의 숨소리가 들린다

중대의

건강한 밤

(노래)[86]

2

유령은 망막에 남아 있는 영상일까
낮에 담소를 나누거나
중대 마당에서 각반을 감고 있는 친구의 모습이
나에게는 희미하게 보였다
밤, 눈을 뜨면 내 주위로
그것은 약간 창백해져
가벼이 공중을 걷고 있는 것처럼 염좌[87]한 채로
천천히 옆으로 움직이고 있다
입가에 주름이 파이도록 미소짓고 있다
불현듯 나는 옛날 일본 유령의 존재
갑주甲冑와 공주님 시대에
한을 품고 천수각天守閣에서 몸을 날려
금기의 방에 나타났다는 무사의 영령을 믿게 된 것이었다

---

86 이 작품은 단카 4수와 그에 덧붙인 한카로 이루어져 있다.

87 염좌閻座. 전후에 발행한 시집 『낭만중대浪漫中隊』에는 'えん座'라고 수정되었으나 의미 불명이다.

밤, 병영에서
선득한 사월의 밤중에
무언가 걱정스러운 듯
슬픈 얼굴빛으로, 내 침대 발치에 나타난 혼령
밤이어도 그것은 모습이 뚜렷하여
나는 일어나 그것과 무언가 이야기해 보고 싶었다
중대의 역사를 물어보고 싶었다
그렇게 전장에서 쓰러진 용사의 넋이
다시 중대로 되돌아오지 않았다고 어떻게 말할 수 있을까
아아　잠들어 있는 우리들의 넋이, 가벼이 공중을 걷고 있는 듯한 중대의 밤들
있을 수 없는 일을 나는 믿게 된 것이다

(중대의 마당)

중대 마당에는 아주 엷은 구름이 끼고
바람이 불어 흰 먼지가 일고
바람이 지나가 버리면 넓은 중대 마당에 한 사람도 보이지 않는다
춘사월이 가까운데
셔츠 하나로는 견디기 어려운 추위다
멀리 마구간의 말이 한층 소리 높이 울고 있다
희고 흰 바람이 되어버린 중대의 마당에
말 울음만이 한층 소리 높고

주위는 쥐 죽은 듯이 조용하고 그림자조차 없는 한낮
보드라운 벚꽃 봉오리 조금씩 맺히고
사람이 다 나가 버린 후
몸 깊숙이 한기가 드는 것처럼
삼월의 바람이 총총 불고 있다

(중대의 마당)

3

묵직하게 어깨에 느껴지는 총
검은 총, 얼마나 기분 좋게 새겨지는 영예인가
밝은 햇살 반짝이는 마당 가운데서
소대가 행진할 때
한 병사의 마음에는
중대장님께 소총을 받았던
그 결의의 날이 고요히 떠오르는 것이다
"총은 병사의 정신이다" 중대장님은 말씀하셨다
그때의 꼭 다문 입술
굳은 결심을 그는 생각하는 것이다
마당 가운데를 행진하는 우리들의 총 위로, 조용히
벚꽃이 지고 있다
그 꽃잎들처럼 우리의 고운 마음도

총구처럼 반짝이던
굳은 결의에 불타며 나아가리라
묵직하게 어깨에 느껴지는 총

(어느 소년에게 주다)

벚나무 가지가 점차 초록빛을 띠어 갔다
새 움이 트고
찬찬히 물이 올라
촉촉하게 부풀며
야들야들 부드럽게
매일매일 중대 마당에서 자랄수록
나의 건강도 날로 색을 더했다

(단장斷章)

벚꽃이 이다지도 부드럽고
벚꽃이 이다지도 붉었던가

(단장)

밤의 소등 나팔
반가운 소등 나팔이 울리고 나면

중대의 병사들은 얼마나 멀리 길을 떠나가는 것일까
그것은 버마[88]나 과달카날,[89] 임팔[90]의 전선前線이 아닐까
그들은 이를 갈거나
고함을 지르고　우아　하고 외치는 자도 있다
아침 점호까지
점호의 정해진 기상까지 우리들은 수천 리도 더 넘어서 간다
그리고 작전 예습을 하거나
자는 동안에도 군화를 깨끗이 닦으며, 기관총 손질을 한다
그것은 꿈속에서도 계속된다
자는 동안에도 우리들은 올바른 복종을 배운다
군인 정신을 단련한다

(단장)

---

88 현재의 미얀마Myanmar. 태평양전쟁 초기에 일본은 연합군의 대중국 보급로를 차단하고 영국령 인도를 침공하기 위해 1942년 1월 16일 버마Burma 공략을 개시했다. 3월 7일 수도 양곤Yangon을 함락하고 5월 20일경에는 버마의 대부분을 장악하게 된다.

89 과달카날섬은 솔로몬 제도의 동남단에 위치하며 일본은 1942년 5월에 인근의 툴라기섬Tulagi과 플로리다 제도Florida Islands까지 포함하는 지역을 장악하여 호주를 공습할 항공기지로 만들었다. 1942년 8월 7일 개시된 연합군의 상륙작전으로 과달카날섬의 비행장을 빼앗긴 일본은 6개월에 걸친 탈환 시도에도 불구하고 결국 1943년 2월 7일 철수하게 된다. 과달카날 전투는 연합군의 첫 번째 전략적 승리로서 이후 일본은 수세로 돌아서게 된다.

90 1944년 3~7월 일본은 인도의 북동부 임팔Imphal 공격을 개시하여 영국과 전투를 벌였다. 차단된 보급로, 정글의 더위 등을 이기지 못한 일본군이 패퇴하였고 급속도로 군세가 저하하기 시작했다.

4

밤, 중대의 마당에서 말발굽 소리가 난다
누가 말을 달리고 있나 보다
따가닥, 따가닥, 따가닥, 따가닥
그것은 달밤의 흰 말을 생각나게 한다
누군가 말을 달리고 있는 듯한
온몸이 새하얀 한 마리 말의 모습이, 내 침상에 나타나
열이 나는 나에게 푸른 그림자를 끌고 온다
따가닥, 따가닥, 따가닥, 따가닥
그것은 쌀쌀한 사월 밤의
잡초를 깐 듯한 나의 푸른 망막에 뒤엉켜 있다

(흰 말)

참으로 푸른, 달콤한 하늘
푸르름 그 깊숙한 곳에서
금가루가 빛나고 있는 듯한
반짝반짝한 하늘
그러면서도 여자처럼 다정하고
푸르름 그 깊숙한 곳에서 푸르름이 용솟는 듯한 하늘
그 가운데서 두둥실 어머니의 눈동자가 떠오르지는 않을까
금빛 하늘

구름도 한 줄 떠 있다
달콤한, 새콤한, 목이 멜 듯한 푸르스름한 하늘
중대의 마당
거기에서 우리들은 마사馬事를 배우지만
참으로 멀리, 끝없이, 푸른 하늘
그리고 나는 확실히 어머니를 떠올리지만
그렇게 비눗방울처럼 내 사랑도 솟는 듯하다
그러한 하루의
단지 사랑을 위한 사랑, 단지 하루를 위한 하루의
그러면서도 멀리 한없는 것에
사모가 한없이 북받치는 날이 있다
푸른 하늘 아래에서

(오월의 하늘)

소나기　소나기　지면에 엎드리면
오른쪽 팔꿈치 아래로　개미탑이 젖고 있다
일 초　이 초……　대항군은 아직 보이지 않는다
바람이 되어　꿩이 운다

(사행시)

5

아침 다섯 시, 이 얼마나 맑게 갠 하늘이냐
하늘은 확 밝아지고
중대의 숲은 작은 새 소리로 가득하다
중대 마구간에 가 조용히 따뜻한 깔짚을 꺼낸다
훅 코를 찌르는 따뜻한 말똥 냄새다
말은 일찍도 잠이 깨어
벌써 우물우물 여물을 먹고 있다
착한 눈망울이다
물씬 밀려오는 아침 공기와
안개 하얀 하늘을 호흡하는 도사케土酒와 나
나와 도사케여
도사케土酒, 도스케土助, 도나시土梨, 도오키土沖, 도미치土徑 등은 말의 이름이다
스미이와隅岩라든가 게바이計梅, 닛세키日夕, 쓰키노시月の四도 있다
고형식固型食이라 해야 할까, 사방 일 미터짜리 건빵처럼 단단히 다진 건초에
작은 꽃까지 섞여 있다
거기에 생 잡초를 섞고 귀리와 고량, 소금을 더해서 주는 것이다
그 희미한 건초의 냄새
새벽녘 공격 때 엎드렸던 이름도 모를 풀 위
이름도 모를 흰 꽃에 빰을 대었던, 추억의 풀꽃을

말라 버린 다정한 꽃들의 향기에서 느끼는 것이다
아침 햇살 한 줄기 마구간으로 새어 들어
건초를 황금빛 풀로 만든다
발그스름한 따사로운 빛이다

(마구간의 시)

쓰키노시月の四[91]　라는 것은
그 이름처럼 생긴 말이다
이 말은 타는 말은 아닌데
털은 아마 색이고　갈기도 거의 없다
갈기는 옅게 흰색이 섞여 있는　초록색을 띤 밤색
말치고는 시인 같으며
뭐랄까 이국의 여자를 보는 듯한
달빛을 떠올리게 하는 말이다
밤, 이 말이 달리고 있으면
달빛이 그 가운데서 생겨난다
달빛이 쓰키노시가 된다
그러고 보니 지금, 달은 사경四更
희미한 은색의 빛을 받으며
멀리 또각, 또각, 또각, 또각하고 연대의 넓은 마당을 달리고 있는 말은

91 말 이름으로, 단어의 뜻은 달이 떠 있는 한밤중을 의미한다.

쓰키노시가 아닐까
다정한 네 이름에서
달빛을 받은 그 푸른 갈기에서
너의 짙은 속눈썹에서
쓰키노시여, 나는 한 편의 시를 꺼내고 싶은 것인데

(쓰키노시)

한강의 모래밭　이것은 무슨 풀일까
골풀 같은
메마른, 그리고 또한 나긋한 부드러움
그것은 흰 모래 위에서 나고
그것은 얕은 물속에서 자란다
기총에 바싹 붙어
기총에 바싹 붙어
한 손으로 단단히 모래밭의 풀을 움켜쥐고
포복하여 기총과 함께 나아가고 있다
새벽 공격의 중기中期다
지금은 벗도 나도 보이지 않고
우리는 모래 속으로 들어가듯이 나아간다
양손이 점점 저려 온다
저편에 오르고 있는 연기는 뭘까
이제 새벽 공격의 후기後期

조용히 풀 위에 엎드려
전진의 호령을 기다리고 있다
우리 앞쪽에서 들려오는 것은 무얼까
우리 앞쪽에서 들려오는 것은 무얼까

(강이여)

풀 위로 처박히니
풀 위로 처박히니
초록색 풀 짙은 향기가 훅 끼친다
다시 일어나 다시 무릎쏴 자세를 하는 것은
포복 동작이 둔했기 때문이란다
한 손은 뻗고
한 손으로 총의 삼각대를 꽉 잡고서, 포복으로는 아무리 해도
하나, 둘, 셋에 일 미터를 나아가지 못한다
젖은 빰에 자꾸만 초록이 향을 풍긴다
땀의 달콤함을 입으로 아는 것이다
어디선가 종다리가 울고 있는 안산安山 고지의 그늘에서
미풍이란 게 어떤 것인지
이십칠 년 만에 난생 처음 아는 것이다

(보이지 않는 종다리)

6

모든 것 위로 조용히 비가 내리고 있다
대지 위로 검게
비는 어머니처럼 적시고 있다
스미고 있다
출발 전에 먹는 달디 단 반합飯盒 밥
정겨운 중대의 취사를 마치고　우리는 출발한다
폐하께서 맡기신 바 그대로[92]
소총 부대는 배낭 위에, 또 작은 꾸러미를 얹고
우리 마음도 대지와 같이 물기를 먹고, 촉촉하게
깜깜한 밤에 젖어 밤과 함께 앞으로 나아간다
외투는 완전히 젖어 들고
반합에는 빗방울이 고이는 오월의 밤
조용한 오월의 밤
하무를 입에 물고
하무를 입에 물고
우리는 저 먼 곳으로 출정한다
우리가 가는 곳에 무엇이 있을까
우리 어느 누구도 알지 못한다

---

92 『만요슈』 권3의 369번 와카和歌 「무인으로서 / 신하된 남자라면 / 폐하께옵서 / 맡기신 바 그대로 / 따르는 법이라네物部の臣の壮士は大君の任けのまにまに聞くといふものぞ」에서 인용한 구절이다.

오월 밤이라는데

하늘도 또한 비에 섞이고　끊임없이 번개가 쳐

우리가 참으로 운명의 아이들임을 떠올리게 하고

오로지 폐하의 방패[93]로서

우리　오랜 의지로 불타

우리가 아는 것은 오직 나아감뿐이다

(출발)

보병의 정신은 그 흔들림 없는 보조 속에 있다

그 흔들림 없는 눈동자

변함없이 절도 있는 발걸음

소총은 못 박힌 것처럼 어깨에 놓여, 각도를 바꾸지 않는다

보병은 육군의 꽃이라는 말도

그 규율 잡힌 엄격한 훈련에서 생기는 것이다

보라　그 눈동자들은 항상 같은 높이로 흐르고

그 양팔　양다리가 그려 내는 걸음걸이는 항상 한결같다

그 군화들은 소대 전체가 한 몸인 듯 정연한 행동을 보인다

일본 군대가 세계에서 가장 뛰어나다고 하는 것도

---

93 폐하의 방패란 변방에서 외적을 막는 병사가 스스로를 이르는 말로서 『만요슈』 권20의 4373번 와카 「오늘부터는 / 돌아보지 않으리 / 높으신 천황 / 폐하의 방패되어 / 앞서 나가는 나는今日よりは顧みなくて大君のしこの御楯と出で立つ吾は」에서 유래했다. 이 와카는 전시기 국민정신 교육을 위해 제정된 『애국백인일수愛国百人一首』에 포함되어 널리 알려졌다.

그것을 보면 알 수 있다

(보병의 정신)

7

일망천리一望千里 끝없는 고원이다
이 벌판 한없이
풀이 쓰러져 눕고
풀로 끝난다
사위四圍의 산은 그렇게 쓰러져 눕고
도라지, 솔새의 들판에 숨어 수풀이 되고
억새 이삭 위에 납빛 하늘과
구름이 유유히 솟아 끝을 알 수 없다
들이 있어 그 가운데를 한 줄기 작은 강이 지나고
임시 막사의 병사들이, 그 강에서
반라가 되어 빨래를 하고 있다
병정개미 같은 흑갈색 얼굴 어느 누구를 보아도 마찬가지이다
각각이 아니라 전체이다
하얀 이를 보이며 껄껄 웃으며
첨벙첨벙 흰 옷을 빨고 있다
반짝이는 해가 물결 속의 해와 함께 흐르고
강물은 풀뿌리에 이르니

어디까지가 물가인 것일까
흘러오는 풀을 줍는다
이름도 모르는 풀이다
그 위로 해가 천천히 풋볼처럼 돌고
먼, 먼　구름보다도 끝없는 것이　무언가 애달픈 것이 그 속에서 생겨난다
병사들의 마음을 그늘지게 한다
그러나 다음 순간 그들은 그것을 산산이 떨쳐 버린다
서로 물을 끼얹으며 새하얀 이가 웃는다
훈련 사이 쉬는 한때
물결 속 피라미를 뒤쫓는다

(고원)

가도 가도 풀이다
그 앞도 풀이다
달은 어디서 잠드는 것일까
그 넓은 평강平康고원
끝이 보이지 않는 초원의 한구석에서 원주를 간들며
사 열 종대의 이 열은 안쪽, 다른 이 열은 바깥쪽에서 반대로 돌면서
석식 후　병사들은 중대의 노래를 부른다
초원에는 다른 중대가 만드는 원도 보인다　언덕 위에 검은 성곽처럼 서 있는 원도 있다

잠시 젊은이들의 마음이
끝없는 것으로 되돌아간다
이 원주가 이제 지상의 달이 되고
모든 인간적인 것에서 떨어져
하늘을 도는 듯한 마음을 안고
평강고원을 돈다
달도 그에 따라 점차 밝아지고
지상의 한 점 임시 막사가 그만큼 멀어진다
하늘이 제비꽃이 되어 향기가 난다
사람도 초원이 되어 향기가 난다

(밤의 노래)

8

하루 종일 종다리 소리를 듣다 보면
결국 이 작은 천사들도 시끄럽다
푸른 하늘의 종다리
땅의 풀종다리[94]

(종다리1)

하늘 구석구석까지 종다리가 울며 날아가고 있다
연초록 날개처럼
하늘과 땅이 울림을 품고 있다
노래하고 있다

(종다리2)

맑게 갠 높푸른 하늘
이 하늘 어디서 종다리는 울까
종다리의 빛깔도 푸르지 않을까
저 울음 소리의 푸르름을 보면

(종다리3)

94 귀뚜라미의 일종이다.

종다리가 나는 것은　뛰어오르는 것 같다
푸른 하늘의 왕자　오월의 가수
시인의 생애도
그 고독함이 너를 닮았다

(종다리4)

이 넓은 초원　종다리 둥지는 어디 있을까
비 오는 날은　땅에 숨거나
아니면 비구름 위에 머물러 있는 것일까
비가 그치면 하늘을 채우는 종다리 소리

(종다리5)

고원 저편에서　길은 사라졌다
그리고 이 길은 다시 오지 않는다
풀피리의 길
운작雲雀의 노래

(종다리6)

9

초원을 한 마리 사자가 달리고 있었다
하얀 갈기를 하고
반신을 쳐들고
가가미지시[95]처럼 꼬리를 흔들며 매일 평원을 질주하고 있었다
그리고 푸른 하늘에 머물러 있었다
나는 그 이상한 가상의 구름을 사랑했다
그 아래서 날마다 총성이 울려 퍼졌다
병사들은 전리품을 찾아서 어디로 간 것일까

(사자와 구름)

갈색 피부에 들러붙는 피부
피부 위의 피부
병사들이 웃통을 벗고 기마전을 하고 있다
시작!　호령과 함께
양군이 조심스레 나아가　활기차게 맞붙는다
상대를 쳐 넘어뜨릴 때까지　과감한 싸움이 더해진다　손에는 손 다

95 1893년 가부키자歌舞伎座에서 초연된『슌쿄카가미지시春興鏡獅子』를 말한다. 흰 갈기로 사자의 이미지를 만든 분장을 이용하며, 사자탈에 깃들어 있던 사자의 정령이 나타나 나비와 어울려 추는 춤으로 유명하다. 1936년에 오즈 야스지로小津安二郎 감독에 의해 공연을 기록한 단편 다큐멘터리 영화로도 제작되었다.

리는 다리로
어느 한 편이 쓰러질 때까지
주위 사방이 막막한 평원에서
덮치고　또 덮쳐　사 기騎에서 삼 기　이 기에서 일 기
맞잡은 여섯 개의 팔이 풀릴 때까지
초원에 사람으로 만든 기마가 무너지고　기수가 떨어져 한쪽 다리가 땅에 닿을 때까지　격투가 오간다
최후의 일 기가 남고
사람들은 땅에 깔려
가슴의 상처가 지렁이처럼 부풀고　푸른 멍이 들고
앞니에 피가 물들어 있다
붉은 흙 범벅이 된 군모를 찾는다
삐이, 삐이, 삐이, 삐이
호루라기 신호로 승패가 결정되고
너무하잖아, 하고 서로 웃으면서
진 편이 다시 기마를 짜 정렬하고는
우리를 향해　우향우, 주목!　한 채 마상 행진을 해야 한다
유열愉悅이 솟구친다
누구일까, 내 바지를 찢은 것은
내리쬐는 햇빛에 초록이 방울져 넘치는 풀 위에
누군가의 피부가 한 꺼풀 정도　벗겨져 떨어져 있지는 않을까
문득 착각에 사로잡히는 것인데……

(기마전)

고원에 비가 온다

조용히 비가 내리고 있다

그 가운데 병사의 흰 셔츠들만 체조를 하고 있다

한순간에 바람이 차가워지고

비가 피부를 파고 든다

임시 막사는 바로 앞이다

하지만 귀영歸營 명령이 나지 않아, 병사들은 빗속에서 조용히 몸을 움직이고 있다

군모에 빗방울이 스며든다

셔츠가 흠뻑 젖어 든다

체조가 끝나자　뒤로 돌아 앞으로　조용히 호령이 내리고

묵묵히 병사들은 거수擧手 동작과 우향우 동작을 익히는 것이다

빗속에서 빗속에서 빗속에서

산들이 조용히 사위에서 사라져, 옅은 쪽빛으로 흐려져 비의 색채가 되어 버린다

하얀, 어딘지 따뜻하고 고요한 비, 빗속

풀만 물씬 향기를 풍긴다

(빗속의 체조)

10

종다리 아래에서,
이를 잡는다
하얀 셔츠를 펼치고.
어제, 내 하의에서 이가 몇 마리
유충이 몇 십 마리, 알이 몇 십 개가 발견되었다는 것이다.
그리고 오늘 동료들이 들판 위에서 모포를 햇빛에 말리는 걸 지켜보면서
군화를 벗고
바지를 벗고, 속바지를 벗고
나는 이를 잡는다.
또 유충을 발견한다. 살포된 알들을 찾아낸다
그것을 풀잎에 놓아 준다 풀로 닦아 낸다
한 나라만큼이나 되는 이.
이도 종다리처럼, 땅의 개미처럼 많지 않겠나
그러나 나는 이를, 그 선량하고 순박한 벗을 조금도 미워하지 않는 것이다
나는 새로운 셔츠를 꺼내어
거기서 이의 허물을 발견하고는 오히려 슬퍼졌다.
그리고 나는 처음으로
종다리 두 마리가 함께 있는 모습을 발견했다
종다리는 바로 내 앞으로 내려와
끝없이 사랑의 노래를 불렀다

이것이 자연이 아닌가.
오월의 바람에　반짝반짝 빛나고 있는 이의 알이여
너도 하늘의 잠자리 날개처럼 아름답지 않은가.
너를 거의 다 섬멸해 버린 셔츠를 입는다
제일기관총중대의 병사로서 기쁘지 않은가.
새로 풀을 먹인 것도 아니지만, 상쾌하다
그리고 푸른 하늘 아래 반듯이
초원을 깔고 누워
조용히 달콤한 호흡을 하는 것이다.

(이의 노래)

도대체 왜 그런 꿈을 꾸었을까
이상한 꿈을 꾼 것이다
나는 아직 마다가스카르나 실론섬에서, 배를 타고
일 미터나 위아래로 요동치는 파도 속에서
누런 병의 술을 마시고 있었다
럼주 병에, 무슨 마크도 붙어 있었지.
그러다 또 고국에 돌아와
어떤 집에서 떠들썩하게
배다른 동생과 누이에 둘러싸여
맏형으로서, 모두의 아버지처럼 어울리고 있는 장면.
나는 여전히 세 병의 럼주 병을 소중히 간직하고 있고

그것이 있으면, 어떤 일이라도 이루어질 것 같은 기분이었다
마법처럼.
빈병을 서랍에 감추어 두었었다.
병영에서, 꿈은 오장五臟의 피로 때문이라고 하지만
나는 꿈에서 있지도 않은 경험을 하거나
외톨이에, 고아인 내가 따뜻한 가정에 안겨 있다
이것 역시 다른 세계에서의 나의 진실인 것일까.
병영에서 먹고 자는 것은
단조롭고 변화가 없어
그렇게도 나는 이국의 술을 좋아했다.
바람도 없고, 사실 잠들기 어려운 밤이었다
고원에서 연습을 하고
막사 안에서 풀을 깔고 잤다
그리고 땀에 젖어 일어나, 엉겅퀴薊 꽃에 이효석의 마지막 작품[96]을 떠올리곤 했다.

(럼주 병)

---

96 『국민문학』 1941년 1월호에 실린 「아자미의 장薊の章」을 말한다. 이효석은 1941년 5월에 타계했다.

國民文學

1944.10

천벌의 신기神機

수적[97] 아메리카의 잔학성은

우리 장병의 주검을 모독한다

가네무라 류사이

신을 파는 선교사의 십자가에
'사랑'의 병원과 학교를 내걸고 와서
우리 동양 땅에 도대체 무엇을 주었나
생각해야 할 터, 저 인면수심의 행장行狀을

조선인은 목사라고 해도 노복이니
내 집 현관으로는 들어오지 말 것
소년의 뺨에 '도적' 낙인을 찍고
내 정원의 사과는 한 개도 줍지 말 것[98]

저 이기적이고 비열한 '인종' 차별
'동양인은 들어오지 말 것'이라는 지옥 푯말

---

97 수적獸敵은 짐승 같은 적이라는 뜻으로 적의 야만성을 드러내기 위해 당시 미국을 지칭하는 용어로 쓰였던 것으로 보인다.

98 1925년 일어난 허시모許時模 사건에서 취재한 내용이다. 평안남도에서 활동하던 미국인 의료 선교사 허시모C. W Haysmer(순안 안식교병원 원장)가 사택 마당에 있던 사과나무의 사과를 서리한 아이를 붙잡아 뺨에다 초산 은으로 '도적'이라는 글자를 새겼다. 조선일보에 보도되면서 외국인 선교사에 대한 사회적 반감을 촉발시켰고 선교사는 재판에 회부되어 집행 유예를 선고받고 미국으로 돌아갔다.

흑인에게나 하는 사형私刑임에도, 의분을 느끼는 우리의
부인을 욕보이며 검사하는 적나라한 야수성

정의의 전쟁은 당당한 대도大道
탐욕의 싸움은 욕심 많은 악귀의 마음
사람 나라와 짐승 나라의 차이
전쟁관에서 분명해지는 이야기

피를 마시고 뼈를 씹는 잔인무도
광포한 식인 본성의 노출
억류된 동포를 학대하고 병원선을 저격하여
아아 마침내 우리 장병의 주검을 모독한다

우리 무사도의 대범한 정의情誼는
적의 주검 위에도 공손히 꽃을 장식하는데
아메리카 소녀는 우리 두개골을 받고 답장을 쓰고[99]
국정國政의 '신사' 또한 장난감처럼 가지고 논다[100]

저 길버트섬[101]에서 전사한

99 『라이프』 1944년 5월 22일 자에 미국인 여성이 해군 장교인 남자 친구로부터 선물 받은 일본군의 두개골을 옆에 두고 편지를 쓰고 있는 사진이 실렸다. 태평양전쟁 당시 미군에 의한 일본군의 시신 훼손이 행해졌으며 특히 두개골은 '트로피'라고 불렸다고 한다.

100 펜실베니아주 하원의원인 프란시스 월터Francis E. Walter가 일본군의 팔뼈로 만든 페이퍼 나이프를 루즈벨트 대통령에게 보낸 일이 있다.

101 태평양 중부, 미크로네시아 동남쪽에 있는 길버트 제도를 말한다. 1943년 11월 하순, 중부 태평양에 대한 본격적 공격을 시작한 연합군의 최초의 목표가 된 곳이다. 11월 21~29일

조카의 슬픈 공보公報를 접하고
아직 유골이 도착 않은 지금
징병 가는 사촌 동생은 모독에 우분憂憤한다

나의 두개골, 내 팔뚝의 뼈까지 절로
이다지 욱신거리는 것을 쓰다듬으며 생각하니
나라의 피인 지하수도 분천을 뿜고
나라의 뼈인 암맥도 화산을 토한다

나는 이렇게
통곡의 소금을 가슴에 새기니
너는 부디
설욕의 검을 정강이에 갈아야 할 터

그러나 우리 정법正法의 병서에는
이에는 이, 눈에는 눈이라는 비열함은 없다
하늘을 대신하여 신기神機를 놓치지 않고
수적을 구제할 주벌誅罰을 가하리라

—문보[102] 제공

에 길버트섬 앞바다에서 타라와・마킨섬 전투를 지원하기 위해 출격한 일본 해군 항공대와 미해군 기동부대 사이에 4차례에 걸친 항공전이 있었다. 미군의 피해는 미미한 데 비해 일본군은 전력 상실이 컸고, 타라와・마킨섬의 패배 이후 길버트섬도 고립되었다.

102 조선문인보국회朝鮮文人輔國會를 말한다. 1943년 4월 17일 황도문학 수립을 목적으로 250여 명의 문인이 모여 결성하였다. 조선문인협회, 조선하이쿠俳句작가협회, 조선센류川柳협회, 국민시가연맹 4개 단체가 발전적 해산을 거쳐 결성한 통합 친일문학단체이다. 발기인에는 이광수, 김동환, 김억, 정인섭, 유진오, 이태준, 최재서, 박태원, 김문집 등이 참여하였다. 결성 당시의 임원진은 회장 야나베 에이사부로矢鍋永三郎, 이사장 가라시마 다케시辛島驍, 상무이사에 데라다 아키라寺田瑛, 사토 다케오佐藤武雄, 유진오, 데라모토 기이치寺本喜一, 이사에 이광수香山光郎, 유치진, 최재서, 총무국장에 박영희芳村香道, 소설·희곡부 회장에는 유치진, 평론·수필부 회장 최재서, 시부 회장 주요한松村紘一 등이 선임되었다. 주로 시낭송회, 일본작가 환영간담회, 문예전, 작가들의 조선군 보도 연습 훈련, 출진학도 격려대회 등의 친일 활동을 펼쳤다.

백만 장정 출진가

가와바타 슈조

목숨을 상上께 바침에
고국만큼 아름다운 것은 없다.
상을 위해서라면 모두가 죽겠다고.
애투섬의 옥쇄
타라와, 마킨
사이판 역시 전원 전사하더라도
일 억 밑바닥에서 끓어오르는 그 힘.
조금씩 드러나는 현실에 맞서
꿈속에서도 깨끗하게 죽는 법을 배우는 그 일념.
화산재조차 알루미늄으로 변해
적을 무찌르는 날개가 되어 나는 오늘.
헛되이 말의 아픔을 헤아릴 때가 아니다.
건곤상박 격렬한 역사의 순간에
폐하의 어마御馬 앞에서
지금 죽지 않으면 살아갈 날 없다고.
속 깊이 불타는 눈빛으로
몇 천 년의 암운을 삽시간에 해결하고
반도의 백만 장정 모두

신기神機를 맞이하여, 지금 폐하 앞에 서다

—문보 제공

대비원大悲願 아래[103]

입영을 앞두고

소에야 다케오

맑은 은하수
마음에 스며드는
밤이 되었네
출정의 날 가까운
신사 참배의 시간

*

거칠 것 없이
달려 나아가리라
가신 영령들
정신에 힘입어서
최후의 오지까지

*

103 단카 9수 연작.

청년이라면
누구나 품고 있는
위대한 비원
여기에 넘치나니
즐거운 술자리에

*

엄마 아버지
누나야 여동생아
어린 아우야
건강히 잘 지내길
언제 언제까지나

*

감사하게도
나를 낳아 주셨네
결전의 날에
부름을 받아가는
행복 망극하여라

*

잘도 울었던
젖먹이 다케오도
영미귀축英美鬼畜을
단숨에 처부수는
대장부가 되었네

*

사키모리의
노래 읊조리면서
단카 지으니
슬픔이 사무치게
통하는 마음 있네

*

수많은 사람
군에 보내었지만
마침내 나도
부름을 받고 가는
행복을 입었다네

*

어쩔 수 없는
분노를 억누르며
부름을 받고
나가는 젊은 우리
기약하고 기다리라

1944.10

國民文學

1944.11

징용 시 입지의 날에

시로야마 효

정정한 노송 가지를 맞댄
비탈길에서는
바다가 겨우 보였다

바다는 바로 가까이 있지만
어쩐지 멀리 있는 듯
그럼에도 내 눈은 젖어드는 것이다

만요의 사키모리들은
화살을 등에 지고
쓰쿠시[104]에 가기 위해
여기[105] 어디쯤에서 출항했겠지
먼 아즈마노쿠니[106]로부터 여정을 마치고

---

104 고대로부터 기타규슈北九州를 지칭한 용어이다. 현재 후쿠오카福岡현에 쓰쿠시군筑紫郡이 있다.

105 아즈마노쿠니東国에서 징발된 사키모리가 출항한 곳이므로 시모노세키下関를 말하는 것으로 보인다. 시모노세키시는 야마구치현山口県에 있는 항구 도시로서 예로부터 규슈와 혼슈本州를 잇는 관문이었다.

106 아즈마노쿠니는 근대 이전 일본의 지리 개념으로, 주로 간토関東 지방과 혼슈 중앙부의 태평양 쪽에 해당하는 도카이東海 지방을 가리킨다. 나라 시대의 사키모리들은 이 지역

"어리디 어린 날에
마음의 버팀목 잃고
나 얼마나 변전했던가"

아아 그러나
오늘부터는
젊은 내 혈관을 돌며
고동칠 위대한 노래
　오늘부터는 돌아보지 않으리 높으신 천황
　폐하의 방패되어 앞서 나가는 나는[107]

에서 징발되었다.
107 각주 93 참조.

징용 시 해변 마을의 황혼

시로야마 효

해변 마을은
바다 내음에 젖고 황혼에는 조용히 불이 켜진다

공장에서 돌아온 젊은 아가씨의 화려한 유카타와 화잠처럼 아름답게
때때로 골목으로 들락날락
마치 바위틈의 새끼 은어 같다

내 숙소 창에서 그것이 보인다
유리창에 꽉 찬
그 풍경들은
액자 속 수채화처럼
옅게 번지며 슬프고 애달프게
저물어 버린다

징용 시 내 가녀린 팔의 시

시로야마 효

예전에
아름다운 사람과 함께
플라타너스 길을 걸었던 너

예전에
술잔을 높게 들던 너

예전에
화단처럼 불 켜진 거리에서
지금은 멀리 떠난
사랑스러운 소녀의 눈동자에 떨던 너

가녀린 팔이여
너는 산초, 판사처럼
산을 넘고 바다를 건너
나를 따라와 주었다

그리고

너는 요즘
쇠망치의 주인
네가 움직이지 않으면
쇠망치는 움직이지 않고
나의 마음이 어지러우면
너는 얻어맞아 피를 흘린다

가녀린 팔이여
이윽고 네가 흘린 핏방울은
잠수함으로 결정結晶을 이루겠지
이윽고 너는 내 눈물에 젖고
감격으로 떨겠지

그 때 훈장을 주듯이
나는 네게 꽃을 한 다발 주리라.

이시다 선생님[108]

몸소 답장을 주셔서 참으로 감사히 생각합니다. 정말 감사합니다. 저는 매우 건강하게 훈련에 전념하고 있습니다. 처음에는 힘들어서 견딜 수 없었습니다. 책상 생활자의 비애를 절실히 느꼈습니다. 그렇지만 이제 괜

---

108 이시다 고조石田耕造, 최재서의 창씨명이다.

찮습니다.

어제는 훈련대에서 약 이 리 떨어진 스마우라 공원[109]으로 행군했습니다. 노송이 가지를 맞대고 있는, 오사카만에 면한 비탈길입니다.

훈련 기간(일 개월 반 예정이라고 합니다)에 외출은 절대 허용되지 않습니다. 그 대신 때로 소대 행동으로 바로 옆 해안에 갑니다. 지난번 해안에 나갔을 때는 '베리'라고 불리는 예쁜 줄무늬가 있는 물고기를 낚는 사람이 있었습니다.

숙소가 절벽 위에 있으므로 숙소에서도 바다가 바로 눈 아래 보이고, 얼마 전 바람이 강한 밤에는 바다 소리를 들으면서 잠들었습니다. 아무런 생각도 없는 생활이지만 어딘지 모르게 쾌적하고, 지금까지 옷처럼 걸쳐 왔던 나태함이 한 장 한 장 벗겨져 가는 듯합니다.

공장에 다니게 되면 철야나 잔업이 있다고 합니다만, 휴일도 있고 그 때는 외출도 허락됩니다. 그 때는 겐페이 전쟁에서 헤이케 일족이 패하여 이산한 이치노타니[110]나 구스노키 마사시게를 모시는 미나토가와 신사[111]와, 나라에도 가려고 기대하고 있습니다.

---

109 스마우라須磨浦 공원은 현재의 효고현 고베神戸시 스마須磨구에 위치한 공원으로 솔숲과 벚꽃으로 유명하다.

110 이치노타니一ノ谷는 현재의 고베시 스마구. 헤이안平安 시대(794~1185) 말기에 조정을 장악하고 있던 헤이케平家와 지방 세력인 겐지源氏 사이에 벌어진 겐페이 전쟁源平合戦의 격전지 중 하나이다. 이 전쟁에서 겐지가 전국을 장악하여 가마쿠라鎌倉 막부가 수립되었다.

111 구스노키 마사시게楠木正成는 가마쿠라 시대(1192~1333) 말기에 막부 타도 및 고다이고後醍醐 천황의 친정 회복에 주력한 무장이다. 막부 타도 후 아시카가 다카우지足利尊氏가 천황을 등지고 다시 막부를 세우려 하자 끝까지 황실의 편에 서서 싸우다 미나토가와湊川 전투에서 패하여 자결하였다. 메이지 유신 후 재평가되어 그의 일족이 함께 자결한 장소와 묘소에 미나토가와 신사가 조성되었다. 현재 효고현 고베시 소재이다.

업무 쪽은, 사무와 같은 업무는 다른 지원자도 있을 것이고 저도 내키지 않기 때문에, 직접 군함을 만드는 일을 시켜 주면 좋겠다고 바라고 있습니다. 가녀린 몸이지만 리벳 정도는 박을 수 있을 것이라고 팔을 어루만지며, 훈련이 끝나기를 기다리고 있습니다.

생각나는 대로 두서없이 썼습니다.

멀리서 건강하시기를 바라마지 않습니다.

9월 10일, 시로야마 마사키

이시다 고죠 선생 옥안하玉案下

國民文學

1944.12

광산지대

아라이 운페이

광산지대에 내리는 눈

눈은 겨울의 전령이다
천사 같은 존재이다
우리들의 광산을 희게 뒤덮으며
먼 곳으로부터 내려온다
바로 옆 봉우리에서
호랑이가 책상다리로 앉아 담배 피우는 것을
작년 이맘때 보았다고도 한다
아득한 전설 같은 것이 얘깃거리가 되는 이 산골에
험한 고개를 서너 개씩이나 넘은 저편에서
어제 국민학교의 요이코 씨 일행이
위문차 왔다
군가를 부르거나 봄날 높은 누각의 달[112]을 부르거나 날개옷[113]이라는

---

112 '봄날 높은 누각의 꽃놀이 잔치春高楼の花の宴……'로 시작하는 노래 〈황성의 달荒城の月〉을 말하는 것으로 보인다. 노래 가사는 도이 반스이土井晩翠의 시로서 당시 널리 불렀다.

113 「날개옷羽衣」은 한국의 선녀와 나무꾼과 유사한 이야기로 선녀가 날개옷을 잃어버리고 인간의 아내가 되었다가 다시 하늘로 돌아간다고 하는 전설이다. 일본의 전통 예능인 노能로 제작되어 전해진다.

공연을 보여 주었다
우리들은 훗훗한 눈물을 숨기며
손을 가지런히 하고 구경했다
아 그리고 오늘은 눈이다
하늘에서 쾌활하게 춤추며
약간 장난스러운 발걸음으로
우리들이 조회를 하고 있는 마당 가득
가벼운 소리를 내며 내려온다
나란히 선 우리들 발치까지 와서는
하나같은 모습으로 보란 듯 쓰러진다
몇 번이고 되풀이된다
근로를 하면 인간이 솔직해지는 것일까
나는 까닭 없이 감동한다
밤에 이불을 뒤집어쓰고 노무 관리나 식량 특배 일이나 장갑 배급 같은……
겨울 준비를 생각하며 눈을 감고 있자니
우리들이 합숙하는 방까지
눈은 조용하게 찾아온다
마음 속 연인 같다
희미하게 들리는 옷자락 스치는 소리
그 희미한 소리에 안기듯
누군가가 새근새근 잠들어 있다.

함원태

갱부 함원태
오른쪽 어깨가 올라간 육 척의 큰 체구를 하고
이마의 주름 세 줄은 다소 도드라지지만
온화한 어조로 말을 건네고
맑은 눈동자에 얼굴은 항상 미소로 덮여 있다
누구보다도 이른 출근
갱도 앞에서 조용히 모자를 벗고 머리를 숙여
하루를 기원하고는
새로운 광맥을 찾아내겠다며 조금 더듬기까지 한다.——

그의 이력을 보면 광산 근무 십여 년
그 사이 홀어머니가 돌아가셔 닷새 동안 쉬었다고 한다
우리들이 그에게 가르칠 것은 아무것도 없다
다만 그의 건강을 기원할 뿐이다
오, 이 남자가 캐낸 땅의 보물을 눈앞에 쌓아 올리면
어느 정도일까——
나는 남몰래 그 행복한 느낌에 젖어
하늘에 흰 구름이 흘러가는
이 아름다운 가을 하루를
발걸음을 재촉하며
그의 집에 몇 마디 축하를 전하러 나서는 길이다

얼굴이 둥근 그의 아내는 지금 막
그가 갱내에 들어가 있는 동안
마치 넉넉한 칠월의 대지로부터 탐스러운 무를 쑥쑥 뽑듯이
아홉 번째 아들을 낳았다고 한다.

국민학교 위문대

여기저기 흩날리는 나뭇잎 사이
손에 손에 소중한 것들을 안은 모습으로
너희들은 압강鴨江 변에서 왔다
작은 새들처럼 재잘대며 왔다

뭐가 들어 있을까 보았더니
맛난 머루랑 옥수수
게다가 정성껏 키운 양배추도 있고 땅콩도 있다
우리들은 더러운 손도 아랑곳 않고
얼마나 맛있게 먹었는지!

증산 전사 여러분 영미英美를 격멸시켜 주세요
더욱더 증산해 주세요——
너희들 대표가 대열 앞에서 말했을 때
하마터면 눈물이 터질 것 같아

음, 알고 있음메 알고 있음메……
나도 모르게 고향 사투리가 튀어나왔다

그리고 노래를 불러 준다고 해서
서둘러 작은 무대를 만들어 주었다
그것도 널빤지를 이어 붙인 위태로운 것
배경은 우리들의 주 갱도가 되고
오른쪽에는 화약고가 보였다——

너무 힘차게 굴러 대니
"부서져요"라고 판자가 소리를 쳐서
놀라 발밑을 살펴보는 개구쟁이도 있었다
우리들은 예의 바르게 앉았다가
너희들의 커다란 목소리에 놀랐는데
푸른 하늘도 놀랐는지
뒷걸음질 치듯 올라가 듣고 있었다.

선별장의 부인들

겨울 고요한 햇볕을 받으며
선별장의 부인들이 일하고 있다
주위를 밝게 씻어 내며

때때로 육중한 산이 흔들려 왔다
그래도 손끝은 쉬지 않는다
싱그럽게 그것이 빛나고 있다

나는 그 곁을 지날 때마다
손가락은 예쁘지 않아도 좋으니까
손바닥이 솥뚜껑 같아서——

추운 겨울 하늘 아래서도 부지런히 일하고
된장국도 잘 끓일 것 같은
그런 아가씨를 찾게 되면

윗사람 말 잘 듣는
내 동생 각시로
꼭 시집와 달라고 부탁해야지

그리만 된다면 내가 대신
짚신발로 십 리 길이라도
백번이고 가도 좋을 것 같다.

1944.12

합숙소의 밥

뜻을 세우고 고향을 떠나
생각하면 길었던 그 동안——
한 손에 젓가락을 바투 쥐고
덥지도 않은데 땀을 흘리며
목구멍 따가운 눈칫밥
월말이 무서운 하숙밥
그릇도 거슬리는 싸구려 식당밥

모두 이 몸의 자양분이
되어 이렇게 건강하지만——
그래도 생각이 난다
벽에 호랑이 그림이 붙어 있던
포플러 나무 아래 집 한 채
참새도 짹짹대며 들여다보던
뭉실뭉실 맛있는 밥

많이 먹거라 말씀하시는
어머니와 눈을 맞추며——
기운 좋게 "잘 먹었습니다"
학교에 가면 선생님은
잘한다고 칭찬해 주고

친구와 맞붙은 씨름에서도
진 적이 없었던 그 밥

추억의 밥도 이렇게
자양분이 되어 건강하지만——
아침 일찍부터 눈을 떠
단단한 광산과 씨름하고
발파 소리 사이사이
계곡 물이 노래하는
현장에서 돌아오는 길

길을 막아서고 있는
송아지를 부드럽게 밀치고——
미풍을 맞으며 돌아오면
된장국 냄새 은근히
섞여 오는 그 시간
동료 손잡고 뛰어 가는
요즘 합숙소의 밥!

1944.12

겨울날에

영하 이십 도
나뭇가지에서 울던 작은 새들은 모두 어디로 갔을까
눈 내린 그 위에 또 눈 내리고
그렇게 몇 번이나 이어져 눈이 아플 정도로
넓게 펼쳐진 하늘빛을 되비추고 있다
그래도 우리는 쉬지 않는다.
키가 한 치는 줄어서 두꺼운 옷을 골라
긴 북국의 겨울을 견디고
어물대면 곧 해가 지니
그곳만 빼꼼히 검게 보이는
갱도 안으로 서둘러 뛰어들어 간다
이곳은 겨울에도 따뜻하다
이곳에 들어오면 마음이 차분해진다
우리들은 점심시간이 되어도 나가지 않고
경성에서부터 이십 일 걸리는 편지 얘기를 하거나
제각기 구름 같은 머리 모양의 애인 얘기나 겨울은 춥다는 얘기를 하면서

때로 우리가 곰 같다는 둥 생각한다.

술 배급 날

술 배급 날이 되면　모두 즐거워진다
해가 질 무렵　노인들은 몇 번이고 수염을 쓰다듬고
젊은이들은 토끼를 잡으러　뒤꼍으로 뛰쳐나간다

합숙소는 한꺼번에 바람이 든 듯하다
칸델라는 보란 듯이 타오르고
직장 동료에게 흔히 있는
가슴의 응어리 따위 눈에 보이지 않는 것들도
나뭇잎처럼 날아간다

모두 다 일어선다
기분 좋게 몸이 풀리면
노래가 나온다 양산도[114]가 나온다 춤이 나온다
멍석도 여기저기 들썩인다

젊은 광산 소장은 힘껏 목청을 돋운다
내일도 이 분위기로 증산이다
노래 않는 놈은 방귀라도 뀌어라――
그리고는 제일 먼저 시작했다

114 경기 민요의 하나이다. 경쾌한 세마치 장단에 맞춰 밝고 흥겨운 분위기를 자아내는 것이 특징이다.

술 배급 날이 되면　모두 마음이 즐거워진다
해가 질 무렵　노인들은 몇 번이고 수염을 쓰다듬고
젊은이들은 토끼를 잡으러　뒤곁으로 뛰쳐나간다.

발파

산이 딸꾹질을 하고 있다

바로 지금 뇌관이 폭발한 것이다

산중턱에는 구름이 흐르고

마을의 첫닭이 울고 있다

소식

언제나 높다란 곳에만 마음이 가고
가장 중요한 발밑은 어지럽든 말든
머리카락이 자꾸 자라
모자도 쓰지 않고 활보했던
어제의 일이 꿈만 같다——

여기서는 머리카락을 세차게 털며
하룻밤 지나면 아무것도 아닌 것을 비장하게 여기지 않아도 되고
권각반[115]에 전투모를 써 보니
우선 시선이 가는 곳이 달라진다
금가루를 산산이 뿌린 듯한
하늘에서 별이 노래하는 듯한
밝은 빛을 온전히 마주하며
엎드려 절하게 되는
이 생은 얼마나 멋진 것인가
아아　그보다도 애인은 더
얼마나 빛나고 좋을 것인가——
그러나 그것보다 좋은 것이
여기에 있다
아침에는 작은 새들의 합창으로
(광산에는 작은 새들이 많다)
잠을 깨면 일이다
그리고 꿈 같은 시간이 온다
노인도 있고 젊은이도 있다
그 가운데 나도 함께 있다

일이 끝나 돌아오면

115 발목 보호를 위해 착용하는 붕대형 각반을 말한다.

별도 떠 있고 달도 떠 있다
달에는 흰 수염을 늘어뜨린 이태백이 이제
술을 먹자고는 않는다.

노무 관리

노무 관리는 특별한 것이 아니다
노무자를 진심으로 사랑하는 것이다
우선 관리를 담당한 자는
아랫사람 이름을 기억해야 한다
그 아들놈의 이름까지 기억해야 한다
그들이 병이 났을 때에는
약을 가지고 가야 한다
못 하나라도 훔치고자 하는 경우 없는 자를 발견하면
두 개를 주어 깨닫게 함이 좋다
노동하는 사람들은 단순한 사람들이다
그 사람이 열심히 일하지 않는다면
이쪽에 실수가 있었던 것이다
그들의 생활을 돌보아 주고
친애의 정을 갖고 있다면
상대는 "미안합니다"라고 말하며 따라온다
어려운 내용을 말로 해 줘도

그들은 좀처럼 이해하지 못한다
원칙적인 것만 말하고 있으면
이쪽도 피곤하지만 저쪽 역시 피곤하다
양쪽 다 녹초가 되어서는 일이 안 된다
중요한 것은 애정을 갖는 것이다——
이쪽이 상대를 소중히 하면
상대는 업무를 소중히 하는 것이다
술 배급이 오면
한 방울이라도 더 마시게 해 주어라
각자의 일을 잊지 않고 해야 한다

우리 쪽은 책임 채광량은 식은 죽 먹기이다
갱내에서 발을 삔 운반부가
그것을 숨기고 절뚝거리면서 일하고 있는 것을
소장이 짐짓 화를 내자
미안하다며 빌고 있다
머뭇머뭇 빌고 있다.

國民文學

1945.1

일본해 시집

가와바타 슈조

『일본해 시집』은, 내가 조선 동해안에 대해서 노래한 인상, 풍경, 사색, 체험, 생활의 시 가운데, 발표하지 않은 것만 골라서 펴낸 작품집이다.

시의 배열은 특별히 일관된 맥락이 있는 것이 아니고 제작 순서도 아니지만, 연대는 과거 삼사 년 동안의 작품에 한한다. 거기에 신작 두세 편을 더했다.

책상 밑에 묻혀 사라질 운명에 있던 변변찮은 이 시들을 여기에 한 데 모아 발표하는 기회를 얻은 것은 내 기대 이상의 기쁨이다.

서시

필사의 노래처럼
슬픔이라기보다는
더 깊고,　순수하게
길고 긴 세월 마음을 기울여
미래로
밀려가고 밀려가는
나의 자리를

거친 두근거림이 알려준다.

일본해처럼.

작품 제1

바다는 끓어오른다.
보고 있으니 불쑥 우미보즈[116]가 고개를 쳐들고
공기 중에 격렬한 소리를 내며 부서진다.
바다는 타오르고 있는 것이다.
황기皇紀[117] 이천 육백 년의 불의 치세를
활활 타오르는 푸른 갈기를 휘날리며 이어오고 있다.
솔바람이 물살에 녹아드는 그곳
바다의 울림은
수억만 년 신이 전해주는 변함없는 음악.
이렇게 있으니
보랏빛 하늘 끝
바다 저편의 이즈모 나라[118]나
군항 마이즈루.[119]

---

116 우미보즈海坊主는 푸른바다거북, 또는 배 가는 길목에 나타난다는 바다 괴물을 뜻한다.

117 일본의 초대 천황이라고 일컬어지는 신화상의 인물인 진무 천황神武天皇이 즉위한 기원전 660년을 원년으로 하는 일본의 기원이다.

118 이즈모노 쿠니出雲国, 옛 지방 행정 구분의 하나로 현재의 시마네島根현 동부 동해에 면한 지역을 말한다.

119 마이즈루舞鶴는 교토부京都府의 북쪽에 있는 항구 도시이다. 메이지 시대부터 군항으로

니가타[120] 근처 빽빽이 늘어선 석유 채굴탑.
수호신 후지 등이
신기루처럼 떠오른다.
내지 연안에는
조선의
탄소 지대나 운모군이
신록 우거진 테이블랜드 위에서
하늘의 운모처럼 빛날 것이다.
이런저런 일 때문에
바닷가에 와서 하루 종일 돌아가지 않는 것은
그 때문이다.

작품 제2

해삼이나, 적색 가오리나
전기뱀장어 등.
일본해가 창자 속까지
새파랗게 부딪쳐 온다.
두둥—, 두둥—.
전 지구의 삼분의 이 힘이

발전했고 1952년에 설치된 일본 해상자위대의 기지이기도 하다.
120 니가타新潟현. 혼슈 중부 지방의 동해 측에 면한 지역이다.

지금, 이 바위 밑동으로 밀려온다.
그때마다
흔들흔들
큰 시간이 기울어져서
휘청인다.

작품 제3

얼어붙은 반구
어느 모래벌판의 한 점에
나는 줄곧 검은 그림자를 누르고 서 있다.
푸른 입을 벌린 대일본해 위에
분설이 어지럽게 내리 퍼붓고 있다.
눈송이가 찌릿 소리를 내며 사라질 때
바다는 끓고 있다고밖에 생각할 수 없다.
그늘을 거느리지 않는 하얀 빛이
거위털처럼 요란스레
공중에 날리다
한 순간 우주에 머물며
어떤 풍경을 만들어 내는 것일까.
아마 눈이 그친 뒤에도
바다 중심에는 빙하보다 오래된

흰 안개 같은 것이 여전히 자욱하리라.
태허太虛인지 우나사카[121]인지도 알 수 없는 아득한
도요아시하라[122]처럼
신화만이 지닌 어둡고 신비로운 장소에서
쉴 틈 없이 일월성신은 갈고 닦이고
성운이 한 덩어리가 되어
태고의 고동 소리를 울리고 있으리라.
머지않아 이월, 삼월, ……
일본해의 연안을 씻는 밀물과 썰물을 타고
호쿠리쿠[123]에서 산인[124]으로
나아가 현해탄을 넘어
남선에서 북선[125]으로
신들은
눈이나
싸락눈이나
비나
바람

---

121 우나사카海坂. 일본 신화 속에 등장하는 해신海神의 나라와 인간 세계의 경계를 말한다.
122 토요아시하라豊葦原. 신화 속에서 신들의 세계인 다카마노하라高天原와 황천국 사이에 있다고 하는 세계, 즉 일본 국토를 칭한 말이다. 풍성한 갈대밭이라는 의미로 농경에 적합한 비옥한 토지를 상징한다.
123 호쿠리쿠北陸. 혼슈의 중부 지방 가운데 동해에 접하는 지역이다. 도야마富山현, 이시카와石川현, 후쿠이福井현에 해당하며 니가타현을 포함하기도 한다.
124 산인山陰. 혼슈의 서쪽 동해에 면한 지방이다. 일반적으로 돗토리鳥取현과 시마네현을 가리킨다.
125 남선南鮮과 북선北鮮. 일제강점기 때 한반도의 남쪽과 북쪽을 지칭했던 용어이다.

되어

상륙하리니

그 뒤를 이어 사람들의 숨결이

맑은 매실 알들이

벚꽃이나 개나리꽃이

일본해를 빨아들여

가득히 필 것이다.

작품 제4

이런 온화한 날에도

물의 본성을 타고

그 깊은 바닥에서 도전해 오는 것이 있다.

멀리 잠기는 하나의 선이 되어

하늘을 두르는

내해[126]의 해안들.

금강산과 오야시라즈[127]의

저 험준한 지모地貌.

---

126 내해内海란 지리상 육지 사이에 끼어 있어 좁은 해협으로 외양에 이어진 바다를 말하며 정치적으로는 자국 영토 내의 바다를 의미한다. 여기서는 동해를 한반도와 일본 열도 사이에 낀 내해라고 지칭한 것이다.

127 오야시라즈親不知, 일본 니가타현 서쪽 끝 동해 연안의 절벽이 이어진 지대이다. 고대로부터 교통이 험한 지역으로 유명했다.

하지만 괜시리 저런 모습을 자랑하고 있는 것은 아니다.
천지 창조 때의, 아우성과 놀라움이
그대로 깊이 아로새겨진 것이다.

작품 제5

나라를 생각할 때의 감격처럼
저 콧날이 시큰하게 추운 그런 날에도
자전거를 끌고
길을 돌아서라도
너를 보지 않으면 마음이 놓이지 않는 것이다.
보이지 않는 너의 무언가에 압도되면
나의 가슴 속에
소리 없는 외침이 북받쳐 오른다.
시체를 넘어 진격하는
군대의 기세처럼
하얀 갈기와 검을 번쩍 쳐들고
끝없이 끝없이 밀려오는 파도.
내지, 조선의 모든 포구와 항구까지
그 숙원은
바다 가득 끊임없이 요동치고
하늘 아래는 모조리

웅혼한 날뿐이다.

작품 제6

지나치게 술렁이던
짧은 여름의 자유분방함에서는 이미 멀어져
추우면 추운대로
다만 이제 푸르고 묵직하게
수억만 년의 침전물 위에서
황산 구리처럼 미동도 보여 주지 않는다.
그 불사의 해면이 발하는
북위 사십 도의 서늘한 빛.

작품 제7

자갈 많은 고갯길
한 쪽을 푸르게 칠하고 있는 것은
때늦은 잡초인가.
겨울을 나는 이끼인가.
차가운 바위 표면의 그늘과
한 그루 해송의 힘찬 대조는

무언가 남자의 심정에 통하는 것이 있었다.
멀리 소리 없는 무변의 바다가 있고
겨울 석양은
기꺼이 따뜻한 색띠를 드리우는 듯 보였다.
그것도 하나하나 스러져 갔지만……
그러나 사실은
그런 것들은 아무래도 좋았다.
태양과는 반대 방향으로
스스로 빛으로 흩어지며 날아간 중폭重爆 편대기가
긴 시간을 찰나의 울림으로 줄인 듯
신화 속 새처럼 비상하는 뒤를
나는 언제까지나 지치도록 좇고만 있었다.
해 진 태허 아래에서.

작품 제8

주변 가득
갈대밭으로
바다와 강의 구분을 알 수 없다.
별이 사라져 가면
어디선가 흰옷의 사람들이 제방에 모여들어
별과 등대의 불빛에 쉬기 시작했다.

개개비나
갈매기
기생개구리 일제히 울고
소리에 이끌려
바닷물고기가 몰려든다.
녹색 물결을 비추는 등대의
희고 붉은 빛의 띠에서
숫자 세는 것만을 배웠던 나의 네 살.
조수가 달에 이끌리는 것을
경이로운 마음으로 알게 된 열 살.
밤이 잠식해 오는 시간
한 마리의 매미 소리가
잔물결 소리를 지워 버리듯이
죽은 자에 대한 깊은 비탄에
일본해의 파도 소리가 끝 모를 바닥으로 빨려 들어가고
무수한 별들의 말이 귓가에 속삭이던 스무 살.
……
희고 붉은 등대는
지금도 변함없이 점멸하고
나는 세 살배기 내 아이에게 불빛을 가리키며
저 먼 등대로 미래의 수를 가르친다
일, 이, 삼, 사……

작품 제9

순식간에 수천 년이 지나갔다.
이제 막 눈을 뜬 듯
원시 그 자체의 빛깔을 간직했다. 일본해.
물결은 푸르게 닦이고
부드러운 모래밭에
아이를 놓아 주니
아이는 쏜살같이
바다 저편에서 타오르는 아지랑이를 향해 돌진하며
물고기 같다고 말한다.
아름다운 노랫소리는
옛날 그대로
조금의 더럽혀짐도 없이
내 아이에게 이어졌구나!
(나의 꿈은 거의 이루어졌다.)
앞으로는
어떻게 순국할 것인가
그 생각만이 마음에서 소리 높이 조율된다.
나를 놓는 이 아름다움.
바다에 뜬 군함의
보이지 않는 무거운 닻처럼
숨죽인 깊은 정밀靜謐 바로 그것 때문에
나는 오로지 크게 살게 되는 것이다.

國民文學

1945.2

동원학도와 함께

스기모토 나가오

일하는 학도

일하는 학도　우리들의 학도는
완전히 이 공장의 주인 되었다
칠월부터 내가 보아 온 그들의 과제는
날마다 커지고 격해져
학도의 노력은
암초에 부딪치는 파도처럼
거듭거듭 혼신의 물보라를 일으켜 왔다
솟아오르는 청춘의 열정을 쏟으며
보는 사람에게 깊은 사색의 샘이 되었다
꽃과 달을 밀쳐 두고
갈 때도 올 때도 별들을 머리에 이고
믿는 자의 인내와 기쁨의 노래로
지축을 울리는 작업장에 서 왔다
천 관[128]의 무게를 자랑하는 공작 기계도

---

128 무게의 단위. 1관貫은 3.75kg.

이미 그들의 뜻대로 되어
그 완벽한 통제에 따라 움직인다
일하는 학도　우리들의 학도는
완전히 공장의 주인이 되었다

하나의 사명

거대한 세기의 창조자
해 뜨는 나라[129] 신들의 싸우는 손에
무기를 바치는 것은 자네들
빛과 같이 모든 사악함을 물리쳐 정화하고
동아東亞에 신생의 숨결을 불어 넣기 위해
자네들은 군문에 들 때까지의 귀한 세월을
아름답고 강하고 열의에 찬 근로로 채운다
공장 또한 엄청난 힘의 도가니
공장이야말로 젊은 기쁨이 고동치는 모태
펜을 들어 글로 종이를 메우던 하얀 손이
지금은 기름과 땀으로 새까맣고 튼튼해져
날마다 일념으로 자네들은 병기를 만든다

---

129 일본日本을 의미한다.

양달

겨울날 오후
대여섯 살 된 사내아이들이
공장 담벼락의 양달에서
햇볕을 쬐고 있다
옹기종기 모여
햇볕을 쬐고 있다
잔뜩 옷을 껴입은 몸을
서로 붙어 기대며
양손을 품에 넣고
햇볕을 쬐고 있다
누군가가 작은 목소리로 노래를 부르자
모두가 따라 불렀다
수영[130] 같은 얼굴에 햇볕이 젖어 들고 있다
귀여운 입으로 가락 맞춰 노래하고 있었다
멀리서 한 번씩 바람이 불 때마다 목소리가 묻혔다
사이좋은 아이들　사내아이들
무럭무럭 빨리 훌륭하게 자라다오

130 마디풀과에 속하는 다년생초. 잎은 긴 타원형이고 끝이 뾰족하다.

공장

공장은 기계의 정글 지대
벨트는 그 덩굴
선반旋盤　프레이즈[131]　웅웅대는 바위
송풍기에서 흘러나오는 열풍
교향악처럼 수백 수천의 음악
철을 깎고 철을 구부리고
톱으로 켜 조립되는
크고 작은 병기의 부품들이
이 정글 지대에서
사람과 공작 기계의 협력 속에
수없이 태어난다
사람들은 기계의 정글에서 모습을 드러내지 않고
신비한 음향의 잎가지 사이사이
적심赤心으로 육체를 채워 힘을 바친다
벨트는 소중한 덩굴
공장은 기계의 정글 지대

---

131 프레이즈fraise. 공작물을 절삭하는 기계로 회전식 커터 등을 의미한다.

이 길

나는 다시 이 길로 돌아왔다
세차게 불어오는 바람에
은빛의 부채를 펼치던
억새밭은 흔적도 없이 사라져
소슬한 겨울 풍경으로 변해 있었다
깊은 하늘의 초록이
붉은 산과 산 사이에 고이고
나무들은 날카롭게 갈고 닦여
꼼짝도 하지 않는다
해질 무렵 햇살은 붉고
제 3생도 숙사라 쓰인
팻말 또한 정겹다
취사 당번 집합!
동원 학도가 외치는 소리가 들린다

꿈

어두운 꿈속의 파도를 박차고
나를 맞으러 온 하얀 말
나의 초라한 집 앞에서

발굽을 울리며 높이높이 울었다
하얀 말 뒤로는
파도 소리 쟁쟁 울려 퍼지고
이상하게도 강한 바닷바람이
달아오른 내 마음을 재촉했다
출발이다　싸움의 바다로
감미로운 꿈에서 깨어나라
너의 허세를 비웃어라
어두운 꿈속의 하얀 말은
숭고한 빛을 두르고
내 놀라움을 뒤로 하고
어두운 바다에 오직 일직선으로
질주의 물보라를 일으키고 있었다

잠

모든 문이 고요하다
시간마다 교대하는 불침번만이 일어나 있다
내가 지나가자
졸린 얼굴로 경례를 한다
벽난로의 덮개를 열어 본다
불꽃이 활발히 춤추고 있다

나는 뚜벅뚜벅 발걸음을 돌린다
모든 문이 고요히 잠들어 있다

적요

문득 잠이 깨어
고요함에 기대어
한낮의 소음 뒤로
꿈처럼 멀리 떨어져
홀로 고요함에 기대어
도연陶然히 연기 같은
적요를 맛보고 있다

조례 시간

나팔 소리
침상을 박차고 일어난다
옷을 갈아입고 소변을 보고
밖으로 뛰쳐나간다
학도들도 튕겨지듯
뛰쳐나온다

불침번인 별들을 우러러보며
넓은 운동장에서 늘 같은 조례
식이 끝난 뒤는 구보　구보
인간의 검은 양탄자가 일제히 움직이기 시작한다

숙사 창문에서

한랭한 대기를 가르며 높고 멀리
오늘도 숙사 위를
철새 떼가 간다 두셋
팔자八字 편대로
끼룩끼룩 울면서
철새 떼가 간다
푸른 하늘로 빨려 들어간다
두세 마리 뒤처진다 휘청거린다
어디까지 가는 것인지
따라갈 수 있을지
공장 높은 굴뚝에
멈추어 쉬어 가면 좋으련만

1945.2

기계

철이 철을 자른다
쉴 틈 없이 좌우로 움직이며
자르고 있는 것 같지 않지만
철에 파고들어 흰 쇳가루를 흩뿌린다
그것은 부동의 의지와 같이
수없이 진동하며 여념 없이 움직이고 있다
요까짓 것 싶은 것도
감당할 수 없게 여겨지는 것도
같은 기세로 일에 임하여
섬뜩하고 무거운 구호로
자르고 잘라 나간다
보이지 않는 힘 불굴의 발걸음
학도들이 그것과 씨름하고 있다

물레방아

마쓰바라 야스오

어느 마을 변두리에서
나는 미군기에 다이아타리[132]하는 우리 전투기를 보았다
그것은 적기에 부딪쳐
떨어지는 적기를 끝까지 확인하고는
솜털 같은 구름을 끌며 조용히 사라져 갔다
그것은 이를테면 후지산 정상의 눈처럼 맑고
천제天帝의 노여움처럼 격렬했다
그것은 불과 한 순간의 일이었다
나는 슬픔도 잊은 채
그 최후의 한 조각 구름까지 지켜보았다
그리고 눈을 돌리니
내 발치에 물레방아가 돌고 있었다
물레방아는 덜거덕덜거덕 삐걱대는 소리를 내며
일본의 개울물을 내리치고 있었다
개울은 쉬지 않고 흐르고
이 물레방아 또한 움직임을 멈추지 않는다

132 다이아타리體當り란 온몸으로 부딪친다는 의미로, 태평양전쟁 말기에 폭탄을 탑재한 항공기나 고속정 등이 목표물에 직접 충돌하며 공격하던 전법을 말한다.

필시 일본의 마지막 땅이 사라지는 날까지 계속될 것을 생각하면
울컥울컥 가슴에 복받치는 것이 있었다
일본, 유구하게 아름답고
이 흐름, 어디까지나 이어지리라
나는 물레방아 위에 찰나의 목숨이 흘리는 한두 방울의 눈물을 채웠다
물레방아는 그것마저 싣고 돌아가고 있다

學文民國

1945.3

해병단 점묘

오시마 오사무

점묘

바다 가까이
그 근처에 병사兵舍가 늘어서 있다
삼면 푸르디푸른 산악에 둘러싸인
이 남쪽 마을에서
수천의 소년들은
원양遠洋의 꿈으로 나날을 보내고 있는 것이다
격렬한 훈련의 날들을 거치며
소년들의 흰 모자 위에는
닻이 무겁게 빛나고 있다
파도 높은 전투의 한복판에서
소년들은 영화榮華를 바라지 않는다
이런저런 애틋한 잡념을 잊고
소년들은 머지않아 장도壯途에 오르겠지
항수와 동경의 항로도 멀리
소년들은 조용히 웃음꽃을 피운다.

유년의 노래

와레와 우미노코 시라나미노[133]
그 아득하고 그리운 가락이
되살아온다
초여름 화창한 날
그야말로 쓸쓸한 남쪽의 어촌
고향 소학교의 낡은 교실에서 배운
그 가락이
지금 해병단의 넓은 연병장에서
파도 소리와 함께 되살아나는 것이다
수천의 소년들
구릿빛 나상裸像의 무리
힘겨운 현실의 거센 파도에
나는 어째서일까
뜻밖의 감개에 가슴이 두근거리며
오래고 오랜 유년의 노래를 떠올린다
이 바다의 끝은 어디일까
형제들의 피로 물든 태평양은
아득히 먼 곳이다

133 창가 〈나는 바다의 아이我は海の子〉의 첫 구절이다. 1910년 문부성에서 발행한 『심상소학독본창가尋常小學讀本唱歌』에 실린 노래로, 1절의 가사는 '나는 바다의 아이 하얀 파도가 / 밀려와 철썩이는 소나무 숲에 / 굴뚝 연기 오르던 작은 초가집 / 그리운 어린 시절 내 집이라네'이다.

일찍이, 모험과 꿈으로 싸였던 유년의 노래는
바야흐로 미증유의 시련과 조우했다
소용돌이치는 거센 파도 한가운데서
나는 해병단의 넓은 연병장을 서성이며
점점 더 애달프고 그리워
와레와 우미노코 시라나미노
저 먼 옛날 유년 시절의 노래를 읊조려 보는 것이다

단정短艇 훈련

해원을 넘어서 가자
짙은 쪽빛이 소용돌이치는 쪽으로
젊은이의 의기와 시련이
물보라로 흩어지는 파도 위를
아득히 보이는 피안의 하늘
동녘의 구름 솟아나는 곳으로

○

갈매기도 날지 않는
바다 멀리
단정을 저어 간다

흰 세일러복이 요동할 때마다
양 뱃전의 긴 노가
날갯짓 하듯 미끄러져 간다

장대 눕히기[134]

방식은 어떻든 상관없다
추리도 판단도 필요 없다
오오, 집요하게
개미떼처럼 몰려드는 내습來襲을 보라
장대를 눕혀라
장대를 눕혀라
살육과 제패를 겨루는
젊은이의 투혼을 불태워라

주) 해군에서는 경기로서 장대 눕히기와 씨름이 거의 유일한 행사인 듯하다. 그곳에서 격렬한 정신 단련이 배양된다고 어떤 책에도 적혀 있다.

---

134 체육대회에서 행해지는 단체 경기 중의 하나. 현재 일본 방위대학교防衛大學校의 개교기념 축제에서 행하는 장대 눕히기가 유명하다.

해군 체조

찬란하게 쏟아지는 태양 빛에
눈부시게 춤추는 젊은이들의 나상을 보게나
가지런히 종횡으로 정렬한
구릿빛 피부를 보게나
거침없이 매끄럽게
흐르는 듯한 리듬을 보게나

○

파도 소리가 들린다네
하얀 물보라가 웃고 있다네
오가는 바람 따라
보트가 멀리서 흔들리고 있다네
해원으로
이제 막 뛰어들려는 바다의 병사
물가에 모인 바다의 젊은이들

흰밥

손님이 오셨다고
오늘은 하얀 밥에
소고기와 채소류
수많은 진미가 가득하다
칼로리 어쩌고는 모르겠지만
식탁에 넘치는 웃는 얼굴
한껏 입맛을 다셔라
풍족한 오늘의 향연
참으로 좋구나 드문 손님이여
참으로 좋구나 하얀 밥이여

주) 해군에서는 긴메시銀飯라 부르며 흰밥이 으뜸의 성찬이라 한다.

그물 침대

바다 냄새 가득한 해먹 속에서는
제각각 요람의 추억에 이끌린다
분주한 하루 일과가 끝나자
군함 안은 불도 완전히 꺼졌다.
"백목 상자[135]로 돌아와도

결코 울지 않을게요."
앳된 누이의 격려 편지
어둠 속 허공에 떠오르는
고향의 아버지와 어머니
물밀 듯 밀려오는 정밀靜謐에
센티멘탈한 소년의 흥분도 가라앉고
파도 소리처럼 향수가 밀려온다

군함기

바람이 흐른다
해원을 건너 효암曉闇의 침묵에
군함기가 바람에 펄럭인다
이 연병장에 모이는 수천의 해병들
해 뜨는 곳에 배례하며
오늘도 역시 군함기 아래
오직 폐하 곁에서 죽으리라고
이다지도 엄숙하고
조용히 노래한다 〈바다에 가면〉[136]

---

135 백목白木은 나무 껍질을 벗기고 아무것도 칠하지 않은 목재를 말하는 것으로, 태평양전쟁 당시 전사 통보와 함께 유족에게 보내진 유골함을 백목 상자라고 불렀다. 대부분 시신을 수습하지 못하였으므로 빈 상자였다고 한다.

온갖 회의를 버리고

비애도 없이

허영도 없이

상쾌한 대기 속에

일렁이며 퍼지는 〈바다에 가면〉

---

136 『만요슈』에 수록된 오토모노 야카모치大伴家持의 조카長歌 「바다에 가면海ゆかば」(권18 4094)을 바탕으로 1937년 11월 만들어진 창가이다. 노부토키 기요시信時潔 작곡으로 국민정신교육을 위해 보급되었다. '바다에 가면 / 물 속 가득한 시체 / 산으로 가면 / 풀숲 가득한 시체 / 천황폐하의 / 발 아래서 죽으리 / 뒤돌아보지 않으리……'라는 내용이다.

國民文學

1945.5

석장집石腸集

가와바타 슈조

귀향 – 사토 기요시 씨에게

성긴 해가
하늘 깊이 잠기고
한기는 창자에 스며들어
일 초도 고삐를 늦추지 않는다.
조선의 칩거는 그때부터 시작되었다.
그로부터 수천 년.
이 한랭에서 미를 의식한 최초의 시인.
풍토로의 영광스러운 귀향이여.
나는 이제 차가운 곳을 지나며
그 노래에 숨어 깃든 한기를 맡는다.
어딘지 연군戀君의 마음과 닮아서
코끝이 찡하고 눈물 어리게 하는 한기의 향.
비록 시냇물 소리 멀고
풀뿌리 향기는 없더라도
암석도 가로막지 못하는 이 격렬함이
젊은 마음을 뒤흔들지 못할 리가 없다

아아, 조선의 젊은이들.
오로지 조국으로 이어지는 지극한 마음.
그 순수함에 힘입어 나는 노래한다.
지는 꽃잎의 아름다움도
그 거대한 순간도
이 한랭 속에서 자랐다!

반향 – 오시마 오사무 씨에게

겨울 한 철을
내내 내리비치는 한천寒天.
흩어진 소리를 모아
빨아들이며
파랗고 날카롭게 갈고 닦인
이 단접[137]의 미여.
그것이 공기 속 먼지의
반사 작용이라고
아는 체하지는 않겠다.
묻혀 있는 백주의 별들과
시공에 떠다니는 연보라 빛

137 단접鍛接. 금속의 이어 붙일 부분을 녹는점 가까이까지 달구어 누르거나 망치로 때려서 이어 붙임. 또는 그런 방법을 말한다.

영감의 확인!
소리를 지르면
그대로 아프다는 말이 되돌아올 것 같다.
그런 시련을 거친 말로
시를 쓰고 싶다.

조용한 오전 – 노리타케 가즈오 씨에게

삼 개월이나 이어진 메마른 하늘.
먼지는 더욱더 짙어지고
한기는 푸르게 내리쬐며
물들어 갈 뿐…
한기 속 깊이 헤쳐 들어가
(목소리 잘 울리고 숨소리 아름답고)
어떤 마음이 나를 즐겁게 하는가
우주를 담은
천년의 구성에서
새삼스럽게도 일본의 미를 발견하고
피어 오르는 소나무 향기에 개운해진다.
지금까지 목소리를 가지지 않았던 것이 말을 걸어오고
나는 빛나는 한 줄의 시구詩句와도 마주치지 못했지만
마음은 풍부하게 단련되어 돌아오는 것이다.

황취[138]

아직껏 경험한 적 없는
혹서 속에서
열대 나무가 천연의 그늘막을 이루고 있다.
그 속에 점철한 여러 새들이
향기로운 땅처럼 지저귀고 있다
가미와시[139]들이 왁자지껄 모여
들뜬 마음의
이별의 술잔.
광선 같은 큰 울림을 뒤로 남기고
천체의 운행에 빠져들듯이
날개는 순식간에 사라졌다.
신께 귀의하는 현명함으로
몸 바쳐 응한다.
시공만리時空萬里.
신운神韻을 품은 일본의 하늘은
수천 년 후에도
청보라 빛으로 깊고 맑을 것이다.
그 때

---

138 황취荒鷲. 사납고 힘센 독수리. 비유적으로 용맹스런 비행사 또는 전투기를 말한다.
139 가미와시神鷲. 황취가 일반 전투기 조종사를 말하는 데 반해 특별공격대 대원들을 신격화한 표현이다.

일본의 마음은
흡사 신들의 히쓰기[140]와 같은 이 모습을
어떤 고토다마로 담아 갈 것인가.
우리가
태초의 혼돈스러운 바다를 노래하고
후지가 내뿜는 연기를 동경했듯이
나라를 만들어 가는 가미와시의 드높은 마음을
어떤 행위로 나타낼 것인가.

눈 내린다 – 사토 대위에게

한도를 넘은 추위가
석 달이나 내리쬐더니
이틀 밤낮 엄청난 눈이다.
조선의 날씨는 어쨌든 매섭다.
이 매서움 속에서도
떠오르는 것은
남방을 전전轉戰하는 자네와
이 땅을 떠나간
수많은 학도와 지원병들의 마음결이다.

---

140 히쓰기火継. 신성한 불씨를 이어받는 신들의 의식을 말한다.

계절을 넘어
자네들과 이어지는 순수한 공간.
자네들을 위해 기도하는 것은
내가 여기 있음을 똑똑히 드러내는 것이다.
이제 시간이
매끄럽게 흘러간다고만은 생각하지 않는다.
우리들의 격정과
분노와, 깊은 대화 속에서 조용히 머무르고
이리저리 난무하는 벨트와
타오르는 강철 냄새 속에서
빨리 흐른다!
지금 천지를 채우며 펑펑 쏟아지는 눈송이,
이 엄혹한 날이 그리는 여백에
소리없이 모여드는 언어로
나는 노래할 수 있는 한
풍토의 매서움을 찬양하고
엄숙한 매화 향기를 담는 것이다.

첫눈

차양 아래
새로 덧대어 바른 장지문이 하얗게 두드러지고

공기는 이상스레 얼어붙어
바깥 소리를 전하지 않는다.
시키는 대로 일찍 잠든 두 아이들의
달콤한 숨소리를 듣고 있으면
우리들에게 고인 것이
그곳에서 조용히 흐르고 있는 것을 알 수 있다.
이런 평온한 밤에는
왕성한
생명의 생장이 느껴져
책 따위는 죽은 것에 지나지 않는 것처럼 여겨진다.
바닷물과 같은 들고 남은 있어도
이어져 내려와 끊이지 않는 생명의 흐름.
역사의 보이지 않는 줄기란
엄숙하고 따스한
이런 것이 아닐까.
어리석은 나의 반문에
—눈이 와요
뒷문을 닫으러 내려간 아내의
어린애 같은 새된 목소리가
하늘의 이변을
이렇게 알렸다!

주악奏樂

오늘만큼 아름답게
역사가 살아 있을 때는 없었다.
우리들 뒤로 안개처럼 자욱이 깔리는
수많은 혼백들.
죽음으로 써 내려간 고토다마가
우리들의 마음에 호소한다.
쇼무
곤고
기쿠스이
시키시마[141]
폐하의 성심에 따라
어느 면면에서든 삼천 년의 정수를 골라내어
허공에 뛰어오르고 날아오르며
조상들의 엄숙한 주악의 울림
지금, 천계에 가득 찬다.

141 쇼무聖武, 곤고金剛, 기쿠스이菊水, 시키시마敷島는 모두 일본 해군 항공기에 의한 특별공격대인 가미가제神風 특공대의 부대명이다.

북선지대北鮮地帶

깊이 모를 한천寒天.
조선의 테이블랜드에
거대한 인공의 호수가 빛나고 있다.
이 나라 최대의 발전소.
대삼림.
그 위의 바람과 비와 눈과 폭풍.
그러나 이들 풍경은
유한한 시야가 포착한 것에 불과하다.
백칠십구만 이천 사백 칠십여 년.[142]
아니 더 많은 시간을 빨아들여
밤보다도 어둡고
또 더 깊이 스스로를 길러온 것이
황금이 꽃처럼 피어난다는 노래[143] 속 옛날 그대로
국토 위기 때에
끝없이 채굴되어 나온다.
정신과도 같이 빛을 내고

---

142 『니혼쇼키』 권3 진무 천황이 동정東征을 선언하는 장면에서 천손 니니기노미코토邇邇芸命의 강림 후 179만 2470년의 세월이 흘렀다는 기록이 있다. 진무 천황은 니니기의 4대손이다.

143 『만요슈』에 오토모노 야카모치大伴家持의 와카和歌 「폐하의 치세 / 번영의 징표로서 / 동쪽 지방의 / 무츠 땅에 황금이 / 꽃처럼 피어나네天皇の御代栄えむと東なる陸奥山に黄金花咲く」(권18 4097)가 수록되어 있다.

자기磁氣를 띠고, 전기를 품은
엷은 형광의 차원에서 북적대는 지하자원들.
북선지대를
어둡게 할 정도의 굉장한 생산 기구가
그것들을 삼키고
온종일 으르렁거리고 있다.
이 중압을 되받아 뒤집을
바로 그 순간이
눈앞에 닥쳐와 있는 것이다.

學文民國

일본어 원문

1943.10

航空日に

徐廷柱

幼き　かをりの　いき　つきながら
わが　耳もとで　ちいさき西雲女(ソウンニ)が
七つよはひの　故里(ふるさと)の　ことばで
アイ　ハヌル　ウン　ソウル　イレヤと囁きし
その　お空なり。

蒜(にんにく)や　ねぎや　唐辛草(とうがらし)を　くらひし
あぶら　あかの　しろきころもの
熱きあつき　はらからが
山鳩むせぶ　きいろき　道を
去(ゆ)き去(ゆ)きて　染めにし　さみどりの　そのお空なり。

あな　あはれ　なほも　とぢえぬ　眼(まなこ)と眼(なまこ)よ
青きなさけの　えわすれぬ　日暮れて　夜は　その趾(あと)に
星くづぞ　きらめくを。
あな　あはれ　人々ら　現に愛せし人々ら
消えて　日に日に　お空は　深く

こゝにあるは　わが　つれなき　身ぐさと言葉。
山彦と　海鳴りと
冴えわたる　こぜまき　庭の
花を祭る
牛皮(うしがは)の　大鼓の音ばかり

あゝ　飛びたや　飛びたやな
ブルン　ブルンと　總身ひゞきて
すぎゆきし　ものみなの
青く　かゝれる　お空の中を
きつく　飛ぶは　わが　かねての　のぞみ！

註　アイ、ハヌル　ウン　ソウルイレヤ＝空は都なりとの意。そして、
　　わが幼かりし日の故里の子供等の深き信仰。

1943.11

不文の道

金村龍濟

憐れなる算盤と物指の亡者の毒牙よ
汝ら如何なる國の星の下に生を貪るや
新聞活字の大小に迷ふ不信の眼色を閉ぢて
その上のいみじき神話と史實に耳を開けよ

朝鮮海峽いまだ裂けざる日本海の風若く
青き蓮の葉をなすまろき海圖に鷗游べり
乙字線の二つの潮流は寒暖の巴を抱きて
等しき民の血となりはひ交はしたり

鱗然ときらめく白銀(しろがね)の砂濱に波は戯れ
青銅の巖相に萬象を彫る金剛山の靈地
そこソシモリなる神檀(しんだん)の森に天降(あも)りたまふ
素戔嗚尊の御遺德(うつくしび)の跡なほ偲ばれて在り

この聖なる神檀の根は分た種は布かれて
松栢萬樹の氏(うぢ)立つ蔭に人のいほりは眠れり
その太平の夢に憑かれ依る宇宙の精凝りて

とはに輝く天の川の星座は生まれたるなり

また中世の大和と百濟の文化の繪巻を想へ
かの扶餘の皐蘭寺に留學せる大和乙女らが
ああ三千の宮女といのち惜まぬ衣（ころも）ちぎりて
白馬江へ伴に消えたる落花巖のさだめなる

今さらに叫ばれて內鮮一體のえにしぞや
この味けなき修辭は昔の手ぶりにあらず
また子孫の世には恥づべき遺言ならずや
言あげるさがを淋しく笑みてぞ君とわれ

奈良に憶ふ

金村龍濟

秋風がわれを呼ぶ奈良の都に
青丹よし光りにぬれて大和を憶ふ
ああ　聖天子の御德を慕ひ求めて
おのれを空しうしてまつろひ歸した
かの百濟の工匠(たくみ)の藝道を學ばんかな
心して踏み行くわが巡禮の足は
はろばろと雲を追ふて悲しく願ふ

萬葉のすがたのままの野よ山よ
ああこの土のあたたかい香りの中に
かの人たちの墓は深く融けてゐよう
空うつ老木、つつましい草に問ひ
路傍の石に驚いてほのぼのと見る

依水園てふ庭の幽玄に眼はなごみ
水苔の風雅に隱れて眠る古池の
靜寂なほとりにしつらへた淸秀庵よ
その氷のやうに純潔なすきやに衣を拂つて

茶の湯の味はひに旅の喝きを潤ほす

ああ翠玉の甘露を汲む美しき器よ
この高麗茶盌の青磁にわが舌はおののき
八紘一宇の眞實が飛行機で迫つて來る
萬歳のやうに嘆を感じて茶盌を擧げると
紅葉を浴びて足細い神鹿が音させながら
春日の杜に案內しようと促がしてゐる

大東亞文學者大會よりの途次奈良にて

1943.12

海戰

則武三雄

海の色は再びと蒼ならじ
波もまたしづまりぬべし　レンドバの海

僕は星の名を知らない
があれは金星ではなかつたか
消えようとして瞬いてゐる金星(ヴィナス)の下で　編隊は敵を見出した
敵は國を擧り　輸送船團を中央に泛べる城　鐵の城砦を布き
薄明にレンドバ島を占めようとした
上陸用敵舟艇は水馬(みづすまし)のごとし
わが海軍航空部隊十餘機これを邀擊す

百千の鐵(くろがね)海を掩ひ
星條旗　指呼に瞰ゆ

機(とき)やよし　醜(しこ)の雄のむれ
みかへれば友笑めり
故國(ははぐに)も見ずてひさしく
大君の任(まけ)のまにま　わが生のすべては委ねかへりみず

直としてわれらはすめぐにの名に生くるもの

『友よ　歸つたらまた手套を取換へよう』
たたかひのひたの直前
波青く　眞白(ましろ)眞玉(またま)　しら波碎け
海をゆく小さき機影

あげつらふ冲つ鳥むら鳥のひしめぐに似て　敵機立つ
舷(ふなばた)を搏きて迎ふイカルスの群碎かずば止まじ
○として相擊たむ今
くだくとも彼の浮城を葬らで止まじ
醜(しこ)のくろがね薙(な)ぎて芟(か)らむ

多角砲　火をはき
彈幕はわれに碎く

霹靂(はたたがみ)とよむに似て
かの艦は縱に傾き
敵機らは次々わだつみの底ふかく潛りゆきぬ
あはれイカルスの幾たりきても落つこちる

水と空　相分たねば通れえじ
百千のくろがね碎け

讐(あだ)多く波にのまれぬ

レンドバはなれの奥津城　波は重くひるがへり

波は重くひるがへり

戰ひは幾刻なりしか　水と空相亘り

戰ひて戰ひはてつ

戰ひて戰ひ捷ちつ　八束穂(やつかほ)の足穂(たりほ)の　美穂のすめぐにに

障(さ)やる黑雲八千潮に擊拂ひしが

見かへればわが友故(な)し

戰ひて戰ひ捷ちつ

戰ひて戰ひはてつ　任終へて荒雄らはかたみに空に擁(いだ)きしが

機は機と翼交(つばさまじ)へしが

かへりみればわが友故(な)し

誰かは凱歌を奏すといふ

あまぎらふ群島の海　波重くかへりみれども波白く

海は再び眞蒼にかへり

しこのいくさの碎けし跡かたさへや　レンドバの海

學徒出陣

佐藤清

天を蔽ふもみぢの中、
まだ青い雜草を踏んで、
一千の學徒は歌ふ。
征くもの、殘るもの、
たぎる血をしづかに抑へ、
決河の如く、はげしい思を、
しばし校歌に托して歌ふ。

國難のために、
血と魂をさゝげ、
國難のために、
青春を燃やしつくすものよ、
これを知れ、
國に死ぬは生きることであり、
眞に生きるとは國に死ぬことであるを。

だが、雄々しいきみたちの背後には、
きみたちの親、兄弟、姉妹、

親戚、友人、知人がかさなり立ち、
其の燃ゆる思は、
きみたちの行くどんな所へでも、
きみたちを追ひゆき、
決してきみたちを見失はぬであらう。
そればかりでなく、
目に見えぬ靈の手はきみたちをさがし求め、
きみたちを強くさゝへるであらう。
英靈はきみたちの前途を祝福し、
きみたちの祖先の靈は、
きみたちの魂をふるひ立たせるであらう。
靈の世界は、
きみたちの楯となり、劍となるであらう。

三千年の歴史は
今きみたちの中に生きかへり、
きみたちは幾億萬の
祖先の靈と同じ呼吸をしてゐるのだ。
今こそ生と死の世界は一つとなり、
三千年は一刻の中に實現してゐるのだ。
征けよ、征け、
きみたちの背後には、これらの力が
雲の如く充滿して聲援してゐるのだ。

勇ましく、しかも亂れず、
はげしく、しかも靜肅に、
征けよ、征け、
おゝ、我等の愛するものたちよ、
そしてきみたちの青春を
惜しみなく燃やしつくせ。

（十二月五日、城大・回春苑にて）

1944.1

施身聞偈本生圖

玉蟲厨子左側面

佐藤清

雪山に坐禪するひとりの婆羅門、
いくにちも、いくよも、つゞく三昧(ざんまい)のうちに、
或日、突然やみを貫いて、
ひかりかゞやく喜びを感じた、
大海に沈んだ船に、助けの大船を得た如く、
瀕死の床に、名醫の來訪を得た如く、
婆羅門は思はず、立ちあがり、
今きいた『諸行無常、是生滅法』をくりかへし、
あたりを靜かに見まはしたが、
目に入るものは一人の羅刹、
餘(よ)はたゞ聲もなく、しづもる樹木だけ、
婆羅門は其の恐しいものに
あとの半偈(はんげ)をきいた。『飢えて何も言へない』
『何をたべるか、何を飲むか、』
『人間の生き肉、人間の生き血だけだ、』
婆羅門はこれを聞くと、法座として、
身に纏うた鹿皮(ろくひ)をぬぎ、
ひざまづいて眉(まゆ)も動かさず、

『喜んでさゝげよう、婆羅門の生き肉、生き血を』と、

はつきり誓を立てた時、

忽然、空飛ぶ鳥の聲がして、

『生滅滅已、寂滅爲樂』と、

あとの半偈（はんげ）が心にきこえて來た。

突差（とつさ）に、堤（つつみ）を切られた洪水のやうに、

婆羅門の顔は照りはえ、

小鹿のやうに小躍しつゝ、

かしこの石、こゝの岩、

かしこの樹木、こゝの道路に、

完全なこの四句を書きうつし、書きうつし、

倦むこと知らぬと見えたが、

そのはげしい法悅のために、

色身（しきしん）つんざかれる如く、

恨みごころなど微塵（みじん）もなく、

遂に、山上の高い樹木の梢（こずえ）にのぼり、

(宇宙のはじめから、

宇宙のをはりまで、

つらぬいて流れる

力を意識しながら)

身をひるがへして羅刹めがけて身を投げた。

瞬間、—慈悲の帝釋天、

婆羅門をしかと空に受けとめ、

かたく兩手にさゝえ、
身をやすらかに地上に横たへた。

(獸足惡鬼と身をなして、
問答する帝釋天と婆羅門の、
へだての竹のやさしさよ。)

(こゞしき岩に書きつける
かの婆羅門の姿こそ、
三國佛を豫想する。)

(山の上から身をなげる、
婆羅門のめぐりに蓮華(れんげ)飛び、
そば近く伽陵頻迦は歌つてゐる、—
寶雲に包まれて落下する靈鳥よ。)

(兩手をのべて身を棄てる
人間無上の婆羅門に、
兩手さしのべ、
靈足の帝釋天、
羅刹の姿ぬぎすてゝ、
今こそ迎へる、靈光、まばゆさよ。)

推古天皇包物と推定されてゐる『玉蟲廚子』は、その作風に於て、高麗古墳壁畫と密接な關係があることは、定說のやうであるが、この廚子には、左右前後正面に、五面の圖があり、台座左右の圖のうち、右側の圖は、『捨身飼虎本生圖』であり、左側の圖が、こゝに私が取扱つた『施身聞偈本生圖（せしんもんげほんしようづ）』である。兩圖ともに、捨身、捨命を說いたもので、『若し餓虎に身を投ずるが如きは、本身を捨つるにあり。若し、義士、危を見て、命を授くるは、意、命を棄つるにあり』と、聖德太子が申されてゐる。左側の圖、卽ち、私のこの作の基本を爲してゐる說話は、『大般涅槃經、聖行品』からとつたもので、この婆羅門は、羅刹のために身を棄てたのであつたが、羅刹と見えたのは實は、羅刹ではなくつて、帝釋天であり、婆羅門は身を棄てゝ、眞の生命を獲得したことを說いたものである。(作者註)

龍飛御天歌

金鍾漢

龍、龍
龍が昇天する。
混沌をすりぬける蛇身、
静寂をひツさく狼虎の爪、
それは渦まき、それは流れ、

息づまるやうな
灰色で塗りつぶされ、
のたうち、もんどりかへり、
いつしゆん、
涼風で拭はれ、

それは流れ、それは渦まき、
藍青をなすりつけられ、
もんどりかへり、のたうち、
『おツかさん、龍だ！』
虚空にともる金赤の眼光。

『どうしたのです、

魘(うな)されたりして—』

額(ひたひ)に母の手がおかれてあつた

『もう、夜が明けましたよ』

『—龍が、おツかさん』

龍、龍

龍が昇天する。

われら東洋の傳說では、

新しい世の中が創まるときには

きまつて、龍が昇天する。

1944.2

肖像

城山 豹

訪ねて行つたら
人なつこい顔をして
やさしく眼で笑つた
いつでもボツブの髮を
梳つて居り
決してリボン等飾つた事がない
三人の弟の世話はひとりでやり
いたづらでも始めると
やさしく睨んで
“お父さまに叱られてよ”と
せゝらぎのやうな聲で言ふ
そして防空演習の時は
若い羚羊のやうに飛び廻り
少しの閑ができたらこつそりと
“若きウエルテルの惱み”を愛讀し
時々短歌など
ノートにしたゝめてゐる
川邊へ散歩に出たとき

僕がしやれを飛ばすと

月見草かなんぞのやうに

頬傾げて

そよ風のやうに笑つた

子等の遊び

李燦

膝深の　雪空地で
子等の　いくさ遊び一

こぶしほどの　塊　にぎりしめにぎりしめ　なげつけなげかへし
風無き吹雪の中に　彼我も分たぬ　激戰ひとしきり…

やがて　手まねの　休戰喇叭なりて　各々　雪まみれの　列にもどりぬ
眉頭に　でつかいコブの子　一方の殿につく

知らず　勝は何方なりや　たゞ隊長
別れを告げて後　はじめて　其の子に
かけより　いたはりて　おんぶし歸るを見る
兄ならむ　其の背の上で　漸く　かぼそき泣聲走る

ああ　全てを　忍ぶ　我が戰の道
既に この子等の　中に有り！

銃に就いて

大島修

静かに銃をみたまへ。
不氣味な程にどす黒い。だが
鋭くきつい彼の表情をみたまへ。

彼は窮極の絶望にありて而も果敢なる光明を發見し
彼は無軌道の泥土にありて勁く一本の軌道を開拓し
彼は動亂のさなかにありてなほ沈靜を約束し
彼は犠牲にありてよく完成を懷抱し
彼に既知にありて千里の未知を遠望し

彼は孤獨であるが思索する。
彼の思索は單純であるが多樣である。
彼には科學が先住するが
しかしながら彼は常に藝術を發散する。
彼の赴くところ必然に世紀の旗となり。
彼の一喝はことごとく世紀の轟音となる。

彼は不可思議であらうか。

彼は非理の仙寰であらうか。
彼は怪物である。しかしながら
彼は傑作である。
彼は人生の産んだ最大級の傑作である。

彼は無頼な奴隷ではない。
彼は遠來の賓客でもない。
かつて彼の一親等が
彼の人格をすべて剥奪したそのとき
僕等は彼に『眞實』の生命を賦與した。
彼は僕等の忠誠な使徒であるが
彼こそ僕等の守護神である。

その彼が憤慨したのだ。
その彼が蹶然として起上つたのだ。

今彼の戰友は南北に散らばひ
東西に駛けめぐり
彼の戰友のならびなきいさをしを
彼は今ゆつくりとかみしめてゐる。
彼は無暗に放言しない。
彼は矢鱈に歎息しない。
彼の目前に死が到來しても

彼は沈着を失はない。
やがて彼も征くであらう。

しかし今彼は頬笑むやうに横はつてゐる。
彼の脳裡に萬感を宿して。

○

銃。
一億の丹心をこめ
一億の悲願をこめ
何事もなきがごとく
何事のあるがごとく
泰然として架上に横はれるもの。
銃。
恐るべき幻想と現實を凌駕して
距離と時間のはるか彼方に
法外の偉業をたくらむもの。
銃。
さればこそ
鞏固なる沈默に裝塡され

自若として非思量を思量するもの。

銃。

靜かに銃をみたまへ。

山水の匂ひ

趙靈出

かろらかに　花びらの　運びさる
山水の匂ひ　その胸騒(むなさゐ)を　如何にせむ

露の　ひとしづく
砂の　ひとつぶに

たまきはる　いのち　いきいきと
兄と　ともに　うるはしき

この　みなかみの　神寂びたる　ところ
ゆうえんと　たち籠(こも)る　紫の煙

風は　樹々の梢を　すゞろに　ありき
ひとの娘(こ)は　どんぐりの實を　ひろひ

徐に　口ずさむ　さきもりの歌を
誰か　ほゝえまで　聞かざらむや

ほゝえみの　うらに
ひかりの　ひとみの　うらに

弓上(ゆがみ)　ふりあげて　あもりせる
神話の　ますらをは　出でたちぬ

その　母のごと
その　妻のごと

花も
草も

水も
眞白の石も

みな　神意に　浸りたる
そは　愛(かな)しき　祈禱(いのり)の　すがたなれ

我　いづくんぞ　ひとり　祈禱(いの)らざらむや
山水の匂ひ　その胸騷を　如何にせむ

捨身飼虎本生圖

玉蟲厨子右側面

佐藤清

鐵の柱のやうな竹の林の中に、
かわいゝ七匹の子を生んで、
飢ゑに狂ふ牝虎(めとら)は
その七匹の子を食はうとする。
それを見て、
園逍遙(そのせうよう)の王子の
鼓動はとまり、
手足(てあし)は急に冷え、
脹(は)れぼつたい兩眼の中には、
深い決意が浪うつてくる。
『見てはゐられぬ、
直ちに救はなければならぬ』と。
突然、彼は衣裳をぬぎ、
まつさかさまに虎に向つて身を投げる。
　　(この時、
ひんぷんたる蓮華(れんげ)は、
王子の身のまはりをちりばめてしまふ、)
だが、目のまへの美しい肉も、

彼には誘惑とならぬ、
それほど激しい飢ゑに、
虎はじつとして身じろぎもしない。
王子は矢庭に割つた竹を
頸につき刺し、血管を破つたので、
血はふつふつと留めどなく流れる。
大虎は王子の血に擊たれ、王子の血にまみれ、
赤銅の皮膚も底光り強くなり、
(笹の葉はきりきり舞ひして吹き飛んでしまふ、)
おとも立てず、咽喉をうるほしたと思ふと、
虎は初めて遠い氣力をとりもどす。

またがる虎に、
肉を與へる王子の慈悲、
七匹の虎の子に取りまかれ、
竹の林の中に、
自分の肉を與へる王子の慈悲、
今の世に想像さへ出來ぬ、
猛獸に身を與へる王子の慈悲。

あゝ、
捨身捨命!

時空をつらぬいて、まばゆく、

一面に淨土がかゞやいてゐる。

二十年近くも

佐藤清

二十年近くも、こゝにゐると、
自分もこゝに生(は)えぬきのやうな感じがする。
しかし空間的な内地の意味も、
時間的な内地の意味も、
こゝにゐると、恐しいほど、
新装をこらして迫つて來るのだ。
歴史の奥行きが實に深まつてきて、
殊に、このごろの我我の思想の飛躍は、
千年まへの委曲を『今』の條理に内觀せしめ、
靜脈(じやうみやく)の尖端までも青く透きとほり、
我我同根の事實を實感せしめるのだ。
我我は何と言つても一つだし、
又、一つになつてゐなければ生きちやゐられないのだ。
私は死んでも、
この信念だけは永久にきざみつけられてあれ、
一本の裸木(はたかぎ)にも、一個の石ころにも、
夕日のやうな赭土(しやど)にも、聖(せい)なる碧い空にも。

1944.4

非時香菓

田道間守の系譜を想ふ

金村龍濟

一

垂仁天皇の御代(みよ)三年(みとせ)
天日槍(あまのひほこ)なる新羅の王子
さしのぼる日の東をさして
をぶね漂ふ波路はいく重(へ)いく尋(ひろ)
播磨國(はりまのくに)の宍粟邑(しさはのむら)に着いてぞみれば
時はうるはし春三月(はるやよひ)
花かざす世はすべてのどに謳へる

みやこより遣はせる
大友主(をほともぬし)と長尾市(ながをち)はあやしみて
『いましは何れの國のなに人ぞ』
天日槍答えてまをさく
『やつがれは新羅の王子なり
日本國(やまとのくに)に　聖皇(ひじりのきみ)有(ま)すとうけたまはりて
おのが國を弟(おと)知古(ちこ)に授けて化歸(まゐ)けり』

さて臣(やつこ)がささげるは
この七種(ななくさ)のみつぎものなり—
羽太玉(はふとのたま)　一箇(ひとつ)
足高玉(あしたかのたま)　一箇
鵜鹿鹿赤石玉(うかかのあかいしのたま)　一箇
出石小刀(いづしかたな)　一口(ひとつ)
出石桙(いづしほこ)　一枝(ひとつ)
日鏡(ひのかがみ)　一面(ひとつ)
熊神籬(くまのひもろぎ)　一具(ひとそなへ)
(則ち但馬國(たぢまのくに)に藏めて
常に神物(かみのもの)と爲す)
且つ天日槍がねがふ
住みよき地(ところ)を意(こころ)のままに聽(ゆる)して
そのこころざしを嘉みしたまへり

かくてよろこべる天日槍は
陶人(すゑびと)らの從者(つかへびと)と菟道河(うぢかは)のかみ方に行き
近江國(あふみのくに)の吾名邑(あなのむら)にしばらくは住み
やがて若狹國(わかさのくに)を經て但馬國に來て永住
みめうるはしき麻多鳥(またを)を娶りて
世世この地に榮えたり
その子は但馬諸助(たぢまのもろすけ)にして

その孫は但馬日楢杵(たぢまのひまらき)
その曾孫は清彦(きよひこ)
その玄孫が田道間守(たぢまもり)なり

二

御代の九十年春二月(きさらぎ)
田道間守を常世國(とこよのくに)に遣はして
いともめでたく、めづらしき
非時香菓(ときじくのかぐのみ)を求めしめたまへば
臣(やつこ)は　みことおほせかしこみて旅立ちぬ
さはれ、その道はいかにはるけく
その賫物(えもの)はいかに求めがたきや
あはれ、萬里の異域(そと)に獨りさまよひて
ああ戀闕の情(こころ)十年を空しうせり
御代の九十九年七月(ふみづき)
紅葉のまだ早き野に山に
霜をよぶ秋風はかなしく立ちて
ああ　すめらみことは
纒向宮(まきむくのみや)に崩(かみあが)りましぬ
かの田道間守の復命(かへりごと)

つひにきこしめされず

明くる年春三月
田道間守今ここに
頬のやつれも旅のつかれも物かは
ただひとすぢに千秋の思ひを燃やせて
これぞ非時香菓八竿（やほこ）また八縵（やかけ）
さはにもちて還り得たるも
ああ天地（あめつち）に時はすでに去り
大君はゐまさず

菅原（すがはら）の伏見陵（ふしみのみささぎ）にをろがみ向けて
しこの身を伏しまろばせつ
あはれ、田道間守泣悲（いさ）ちてまをさく
『かしこくも　みことのりを承りて
滄海（あをうみ）の峻（たか）き瀾（なみ）を踏み
はて知れぬ弱水（よはのみづ）を渡りて
かの神仙の秘境なる常世國に
往來（ゆきかよ）ふ間（ほど）に十年（ととせ）は經たり
今幸ひに無事の歸朝（かへり）も
ひたすらに神靈（みたまのふゆ）に賴りてなり
されど斯くもながき年月（としつき）を費せる
あに不忠の罪をのがれむや

この非時香菓なにの甲斐かあらむや
臣また生き殘りてなにの益(しるし)かあらむや』
あはれ、あはれ純忠田道間守
聲を放ちて叫(おら)び哭き、おらびなき
咽喉の笛血に裂けてつひに頭(かうべ)を擧げざり
ああ　　　みささぎの邊(へ)の草を枕に
流星のごとく自(みづか)らいのちまかれり
これを聞き、これを見て
空の雲あしも得行かず、鳥も得歌はず
まへつ臣(をみ)たちもみな涙ながしつ
野のともがらも惜みて讚へつ
―――おお忠死！　田道間守の魂魄よ

1944.5

わたつみのうた

杉本長夫

山道を遠くまはると
四月の海が見えた
につぽんの眸とも思はれる
につぽん海のまさをな水が
碧玉の空と融け合つてゐる

近づくにつれて
解けがたい蠱惑の表情で
海は私の心をひく
人影の見えない濱邊で
終日囁きつゞけてゐる海
その囁きには戰のひゞきが籠り
海にでた若者達の
耳なれた聲も秘められてゐる
若い日の海にむかつて
旅の日をたゞひとり
私は不思議な音樂に耳傾ける

碧靈のこゑ

佐藤清氏に

川端周三

自然もこゝろも、
なにもかも、
そのはげしさに浮遊をゆるさず、
碧靈の青一色に塗りこめられて、
一見無爲としか念へぬ。
異邦人とは誰のことだらう。
あなたこそ、
朝鮮への、
正氣の泥醉者。
ふりそゝぐ日光や寒氣や碧空を、
うつくしく反(か)へして、
斷絶した美に千年の力を與へ、
ほとんど死に絶えた耳に、
熱い息吹きをふきこんで、
隱密な人情や生(いき)のいのちを、
大和への歸依の道に花さかしめる。
交趾釉壺に秘色をさぐり、
魂のかげかとまどはする、

高麗の空を歌ひ、

さては曇徴、慈慧[1]に哭す、

淨土日本への切々たる愛着と悲願。

(あゝよろこびはながいながい暗闇のあとから來た)

あなたの詩を誦してゐると、

精魂凝つた詩句の餘情は、

血に晴れあがつた碧天から、

滴となつてしたゝり熄まず、

渇いたこゝろは不思議に美しい花綵(づな)のかげで、

しびれるやうな雅樂に盈たされてしまふ。

これをわたしの魂の祭典として、

享けていゝのだらうか。

これは碧靈のこゑではなからうか。

---

1 원문에는 '慈慧'라고 쓰여 있으니 '慧慈'의 오식으로 보여 '혜자'로 번역하였다.

思慕詩篇

則武三雄

そのゆたかな頰は
今、なにを想つてゐるであらう。

ゆるやかに日が回つてゐる下
白い光のなかから
私はその內部に歩み入つた
そして君を見出したのだが——。
博物舘の、それは硝子の函の中に入れられた三國佛
私は君とあふために旅をした。
そして私はすぐ出てゆく身
君と再びあふこともないだらう
況して戎衣の身なれば——。

青銅は古び、青錆がし
右の人指しを頰にあて
肘をあげて
左の膝[2]に組むでゐる。
左の肢は其儘下にながれてゐる。

三國時代　半跏の像といふのだ。

私は再び忘れまいとして

君をひたに視る。

遠い以前に、かつて君に肖(に)たひとを識つてゐたやうに
睫毛の下の影を。

それは眸(ひとみ)をひらいてゐるとも見えない

それは笑つてゐるやうに

影が光となり

また私の眼眸(まなざし)に

既に答へてゐるやうにひそまつてゐる。

千年も君はさうしてきたのだらうか。

現在(いま)、硝子函のなかに

千年の同じ姿勢をしてゐる

肩先を傳はつて千年も美を流しながら

あなたは生きてきた。

君は不思議な生物だ。

思慕の心を溶して

湖のやうに搖曳してゐるのを

私は硝子函に徒刑(はりつけ)された君の肩の先方(さき)に視る——。

2　'右'의 오식으로 보인다.

その間に三年が過ぎてしまつたやうに
私は思ふのだ。
私は目ばたきする。
外方（そと）の光が白くてはげしいのに
私は足を回らさう
しろい蝶のやうに君の上に留まるものを
君の上に遺して——

（朝鮮風物誌の一）

1944.7

學兵の華

わが朝鮮出身の光山昌秀

上等兵の英靈に捧ぐる詩

金村龍濟

先登志願の君につづいて
なつかしい學帽を風にすて
あたらしい軍帽の星をいただき
筆を劍に、書册を地圖に代へた時
幾萬の足どりは青い雲を捲き立てた

かの軍門になだれこむ榮えある日
入營旗の君たちの名が朝風に鳴り
春を待つ裸の櫻の枝に抱きからむ時
私の萬歲の聲は熱い涙にむせんだ
おおそれから半歲君はどうしたか

曉を呼び消燈を告げるラツパの音(ね)に
營庭の若き櫻はしづかによみがへり
君たちの母校や家鄕の草木(くさき)と共に花咲き
君たちの襟章の星は一つ一つふえて行つた
そして一番乘りの君は北支前線に立つたのだ

螢もまだ早い大陸の夜のしじまのなかに
單哨の鐵道を急襲した大敵を捉へてたたき
ああ原野の草の葉に朱(あけ)の血を流す時
『敵は……敵は』斃れてなほ任務を忘れず
『天皇陛下萬歳』戰友の胸に華は刻まれた

われら二千五百萬、また後輩の徵兵百萬
この悲報に憤り燃えんとする時
二階級特進の恩命に亦感泣して叫ぶ
『ここに君の華あり。美はしき朝鮮あり
おお神位に昇る英靈よやすらかに』

生産の前線にてうたへる

乏しい水をめぐつて蛙が和し

川端周三

夜業の音はまだつゞいてゐる。
晩春の夜と曉のあはひ。
出港準備の艦隊のやうに
工場といふ工場が灯をともし
建物全體で唸つてゐる。
時ならぬ霰や霙は
モーター群の物凄い廻轉が
地軸の傾度をかへるからではなからうか。
酸素熔接の閃光に
パツト露出する鐵搭の碍子やチユーブ。
雑草原。
屑鐵の堆積。
引込線の赤い灯だけに
かすかな安堵を覺えるが
それとて快樂の相といふものでなく
若葉のそよぎや蛙の聲にも
ひしひし迫る緊迫感。

戰場から、英靈から
絶ゆることなく充電される精神が放つ
强烈な
あれらだ。

—北鮮製鋼所にて

生産の前線にてうたへる

現場のひる

黑鉛鑛士におくる

佐藤信重

てらてらと眞黑に光る顔、

眼の色と唇だけが妙に際立つ顔、

汚れた坑内着もかつては清々しい白衣であつたらう。

汗の滲んだ黒い鉢巻もさらりとしたタオルであつたのに……

おびんづるさまのやうな恰好、

その黒光りする手で辨當を開く

小さい鹽の紙包みを開いては箸をつけ

粟飯を大きくはさんでは口一杯に頬張る

樂しさうな食事、天井は蒼空、

腰を下ろすは黒鉛詰めた叺の上——

鑛脈と取組んでゐた先刻の逞ましさは失せて

素朴な言葉が、わらひの出る場所をさぐりあつてゐる。

山稜に沿ふてうねる小徑の彼方

事務所が見える。選鑛場が見える

どこもここも黒光りしてゐる戰場だ、

みんなが黒光りすればする程

黒鉛増産の目盛りが昇る、

だが、見よ、あの旗を

事務所前の廣場に翻る國旗の色を!

あれだけは眼に沁みるやうな白さだ

燃えるやうな赤い日の丸!

わたしの感傷などには拘りなく

一服濟んだ鑛士達は、默々として坑口にはいつていつた。

新人推薦 **鷗**

新井雲平

海があまりにも濶いので
鷗は途方に暮れてゐるのだ

へうべうとした地平線
翼を擴げた鷗鳥……

夜明けの
海があまりにも靜かなので
鷗はあんに騷いでゐるのだ

新人推薦 燈

新井雲平

幾夜さを燈(ともしび)あげて
わたくしは祈りつづけた

燈のそとでは黙り込んだ樹々の梢(うれ)を

耳聽く風が搦みついては
ふたたび靜かに離れていつた

たゞひとつの事を念じて
それだけで私の唇は渴いていつた

新人推薦 祖母

新井雲平

十五の時お嫁にきたといふ
祖母の手に織られた麻布は
水を注いでも洩らなかつた ——

叔父はそれを着て働らき
わたくしもそれを着て旅に出た

洋服を着て祖母の許を訪ねれば
もう力のなくなつた手を出して
なんども上衣の生地を揉んでゐる

私はむかし祖母の手で切つてもらつた
お臍までいつしよに見せてしまふ

1944.8

無題

サイパン島全員戰死の英靈を迎へて

達城靜雄

九段の空高く　香りを薫らせよ

母上よ。雲雲や　日月や　星辰がためにはあらず

わが生身(いきみ)　火塒(ひぐら)となりて　息が切れるに！

母上よ　この豊さは　哀しみにあらず

我が肩に　空は今あまりに重し

花花(はなばな)も、

そよぐ樹の葉も、

あまりに重し。

母上よ。彼處(かしこ)なり、汝が生める我が同胞(はらから)の碧靈(みたま)皆歸へれるは

アツツより、マキン・タワラ[3]より、將又サイパンより、

全員戰死して　歸へれるは

彼處(かしこ)なり　彼處(かしこ)なり　ああ　耐へえぬ色に　色添へて

---

3 'タラワ'의 오식으로 보인다.

母上よ。あの雄叫びは　彼處(あそこ)なり
蒼き血潮の　絶えなく降りて
大いなる聲、我を呼ばふ。

ああ　うれしきかな　うれしきかな
生贄(いけにへ)は　我にあらずば　他に居らず。

母上よ。われも又　槍(やり)持て立たむ
船出せむ
サイパンへ！
マキン・タワラ[4]へ！
アツツへ！

反歌

あゝ　うれしきかな　うれしきかな
往き來る風に　頰すり寄せて
われ、呼吸(いき)し　皇國(ここ)に在るは。

4　위와 같음.

一億憤怒

杉本長夫

噫、サイパンの悲報に接す
この島は皇土の守り
內南洋樞要なる前衛據點
忘るべからず六月の日は十五
驕敵侵攻の火箭は揚る
一億の憤怒のこゝろ
日に夜に祈り捧げて
神命のあつき護りに
擊滅の炎を焚けども
十重二十重(とえはたえ)鐵の襖(ふすま)に
そゝぎくる赤き嵐に
血とちからさゝげ盡して
いやはての兵士(つはもの)や在留の同胞(とも)
しゝむらは碎けて散りて
南溟の土とはなれど
國擧げて受け繼ぐ誓
天つ日の空を貫き
敵愾の念　熔岩のごと流れて止まず

物量(もの)に據る敵にしあれば必ずや

これに勝りて生み出し造り出して

大和魂　空の翼に天翔(がけ)り

擊ちて懲さん

吾等こそ四面を海に

生きぬきし聖土の御民

東天の錦旗のもとに睦びたる

うれしき歷史　めでたき御民

きたれいざ試練のしもと

敵愾の念　熔岩のごと流れて止まず

凜乎たる固き決意に

來(きた)るものこれことごとく

勦滅し仇をかへさん

昭和十九年七月二十一日

チサ

佐藤 清

ひとかぶのチサ、
充分洗つたひとかぶのチサ、
油をとほし、
小(こ)しほをふつて、
あたゝかい、
自分でたいた飯をつゝんでたべる、
夕日に向ひ、
散るアカシアに向ひ、
ひとりでたべるチサ、
崔載瑞に教へてもらひ、
今年もたべるおいしいチサ、
しかしそれも
(長い、長いとしつきののち)
今年きりにはなつたが、
舌ざはりに微塵(みぢん)の感傷もない。
しかしこのチサにこもつてゐる味(あぢ)、
誰がこれを分析し、
誰がこれを綜合しよう。

魚雷を避けて

對潜監視の一體驗

尼ケ崎 豊

紺青の只中
白き髭逆立て
まつしぐらに迫りくるものあり
駿馬の狂奔か
固唾のむいとまなき
一瞬の緊張

魚雷! 魚雷! 魚雷!
ほどばしる叫び
咄嗟の喚き
取舵!
取舵!
取舵!

警笛けたたましく鳴り響き
遽かに勃る騷擾の氣配
突爾龍骨の軋り折るがごとく
はげしき船體の動搖

五體宙に浮き
足許よろめき
まさに間一髪
妖魔のごとく
流星のごとく
右手の舷すれすれに
戰慄を掠めて
疾驅せる鐵體の
青き蜓り斷ち裂きて
飛躍せる
白線一條 ——

軈て
雷跡の虛しきを殘して
ふたたび船は進みゆけり
青みどろ果てしなきところ
赤道近き大海原の
危機を孕める針路の無氣味なる
雲のごとき
陸のごとき
茫漠たる眺望の彼方を目指し
何事も知らざるが如く
何事も知らざるが如く

すめらみいくさの歌

添谷武男

萬葉の詠人知らずのその如く榮ゆく御代を我はうたはむ

み軍の征き征くほどに美はしく言靈の道拓け行きつつ

何つくる火花か夜の工場の玻璃戸に映えて道を照らせり

ひそまりて機會(とき)をし待てる艦隊にまつはりて動く大氣の重さ

サイパンに屍を楯とたゝかふをたゞある我のいきどほろしも

本分は學びの道と勵めども血闘思へば須臾も齒がゆし

サイパン島死守の報とどきて

小川沐雨

しづかなる國土(くにつち)となりて故國(ふるぐに)は五月田植に雨ふりみだる

サイパンに大和撫子銃(つつ)執るとけさ朝がれひ禱りとなしつ

國遠く國の婦女子を死なしめつわれいかに身を處してあるべき

醜のいのち

竹中大吉

大君の御楯といまはすつるゆゑ醜のいのちも尊くありけり

古の御祖らが雄叫びさながらに今も響(どよ)める松風の音

1944.9

中隊詩集

則武三雄

1

寧ろ日のゆるやかさ
春の日のやさしさを、これほど感じたこともない
それほどゆるやかな日々であつた
春の日ざしを暖かく
雲はまた白羊のやうに空に亘つてゐた
青い、澄むだ空の下で
それ程毎日機銃を習つた
操作演習に山や河を渉つた
そして日が過ぎてゐた
その間に僚友は多く旅立つて行つた
騎兵馬のやうに枚を銜むで
見知らぬ戦線へ出かけて逝つた
そして殘つた友の幾多と
あたらしい兵達を訓へてゐる
われらの上に雲がゆつくりとながれてゐる
眞白い外套のやうな雲を透して

白い日がさし

銃手二番の歯が皓くわらふ

口笛を吹くやうに

空包が地平線を切つてゆく

南のたたかひは日にはげしく

かくて戰線をおもふ日が

日にはげしくなつた

(春の日ざし)

ふつとして何にせむとなく居りし時(柞葉の)ははのなさけのこみあげてきつ。

やはらかき春の日ざしの兵舍にも中隊の庭にも影あたたかく。

バレーボール　する時間ありて中隊の庭にも櫻莟めり。

中隊の櫻の枝に何の鳥か枝移りしつつ櫻莟めり。

夜の蛙のやうに

みんなの寢息がきこえてゐる

中隊の

健康な夜

(歌)

2

幽靈は網膜に殘つた映像であらうか
晝間談笑したり
中隊の庭で卷脚絆を捲いてゐる友の姿が
自分にはうつすらと視えた
夜、目をあけると自分の周圍に
それは稍々蒼褪め
輕く空中を步いてゐるやうに闇座したまま
ゆつくりと橫に動いてゐる
口許の筋が深く微笑してゐる
たちまち自分には昔の日本の幽靈が
甲冑や御姬樣の時代に
恨みを含んで天守閣から身を躍らせ
空かずの間にあらはれた武士の靈が存在することが信じられるのだつた
夜、兵營では
薄寒々とした四月の夜の中に
なにか愍はしげに
それは悲愁ある面持をして、私のベツドのさきにあらはれた精靈
夜でもそれは姿がはつきりし
私は起きてそれとなにか語つて見たかつた
中隊の歷史を訊いてみたかつた

そして戰場で殪れた勇士のたましひが

再び中隊にかへつて來なかつたとどうして言へよう

ああ　睡つてゐる私達のたましひが、輕く空中を歩いてゐる様な中隊の夜々

あり得ないやうなことが自分には信じられるのだつた

（中隊の庭）

中隊の庭はうすぐもりし

風が吹いて白埃りがし

風がさつてゆくとひろい中隊の庭にひと一人見えない

春四月にちかく

襯衣一枚にはたへがたい寒さだ

遠くから廐舎の馬がひときはたかく鳴いてゐる

しろいしろい風になつてしまつた中隊の庭に

馬のいななきだけが一きはたかく

四周はひつそりとして影さへない眞晝

櫻はややなよやかに含(ふふ)みを帶び

ひとが出はらつてしまつた後の

身體の底が寒くなるやうな

三月の風がさうさうと吹いてゐる

（中隊の庭）

3

づつしりと肩にこたへる銃
黒い銃の、何と快よく鐫英なことだらう
きらきらとひかるあかるい日ざしの中庭で
小隊が進む時
しづかに一兵士の心には
小銃を中隊長殿から授かつた
あの決意の日が泛ぶのだつた
『銃は兵隊の精神である』と中隊長は言はれた
あの時のひき緊つた口脣
かたい決心を彼は思ふのだ
中庭をゆくわれらの銃の上に、しづかに
櫻が散つてゐる
その花びらのやうに僕達のやさしい心も
銃口のやうにきらきらした
固い決意に燃えて進むだろう
づつしりと肩にこたへる銃

(或る少年にあたへて)

櫻の枝がしだいにみどりを帯びてきた
ふくらみ

ゆつたりとしめりをおび

水つぽくふくらんで

なよなよとやさしく

日毎中隊の庭で大きくなつてゆくと倶に

自分の健康も日ましに色を增した

(斷章)

さくらの花がこんなにもやはらかく

さくらの花がこんなにもあかかつたか

(斷章)

夜の消燈喇叭

なつかしい消燈喇叭がなつてしまふと

中隊の兵隊たちはどんなに遠くに出かけてゆくだらう

それはビルマやガダルカナールやインパールの前線ではないか

彼等は齒ぎしりしたり

吶喊して　ワアツ　とさけぶものもゐる

朝の點呼まで

點呼のただしい起床まで我等は何千哩も越えてゆく

そして豫習の作戰をしたり

臥てゐる間も軍靴をきつちりと磨き、機銃の手入をする

それは夢中でも續く

臥てゐる間もわれらは正しい服従ををしへられる

軍人精神をきたはれる

(斷章)

4

夜、中隊の庭にひづめの音がする

誰が駈けてゐるのだらう

かつ、かつ、かつ、かつ

それは月夜のしろい馬を思はしめる

誰かが蹄を驅つてゐるやうな

全身眞白い一頭の馬のすがたが、私の臥床(ふしど)の中に生れて

發熱した私に青い影を曳いてゆく

かつ、かつ、かつ、かつ

それはひえびえとした四月の夜の

雑草を藉いたやうな私の青い網膜の中に入り亂れてゐる

(白い馬)

實に青い、あまい空

青の底から

金粉がきらめいてゐるやうな
ぴかぴかした空
それでゐて女のやうにやさしい
青の底から幾つも青が湧いてくるやうな空
その中にぽつかりと母の眸(め)が出はしないか
金(きん)の空
一すぢの雲も浮いてゐる
甘い、すつぱい、むせぶやうな灰青い空
中隊の庭にゐると
そこで自分達は馬の事を習つてゐるのだが
實に遠く、涯しなく、あをい空
そして自分はたしかに母を懷つてゐるのだが
そしてしやぼんのやうに私の愛も湧いてくるやうだ
さういふ一日の
愛するためだけの愛、一日のためだけの一日の
それでゐて遠くかぎりないものへ
思慕の湧いてかぎりない日がある
青空の下にゐて

(五月の空)

驟雨　　驟雨　　地面に伏すと
右肘の下に　　蟻塚が濡れてゐる

一秒　　二秒……　　對抗軍はまだ見えない
風になり　　雉が啼く

(四行詩)

5

朝の五時、なんといふはれた空だ
空はパアーツとあかるく
中隊の杜は小鳥の聲で一ぱいだ
中隊の廐舍にゆきしづかにあたたかい寢藁を出してゐる
ムツと鼻をつくあたたかい馬(ま)ぐその匂ひだ
馬ははやくも目をさまし
もうもそまそと秣(まぐさ)をたべてゐる
やさしい眸(め)をしてゐる
ぷうんとくる朝の空氣と
しろい靄の空を呼吸する土酒と私
私と土酒よ
土酒, 土助, 土梨, 土沖, 土徑などといふのは馬の名だ
隅岩だとか計梅, 日夕, 月の四もゐる
固型食といふべきか、乾し草が一メートル四方も乾麵麭のやうにかためられ
小さい花まで嵌めこまれてゐる

それを生(なま)の雑草を混ぜて燕麥や高粱、食鹽を加へてやるのだ
そのかすかな乾し草の匂ひ
薄暮攻擊で伏した名も知れぬ草の上
名も知らぬ白い花に頰をあてた、思ひ出の草花を
かはいたやさしい花々の馥ひに感じるのだ
朝の光が一條廐舍に洩れ
それを金(きん)の草にする
あかいやうなやさしいひかりだ

（廐舍の詩）

月の四　といふのは
その名のやうな馬である
それは乘馬ではないが
亞麻色の毛をし　たてがみも殆どない
それはうつすらと白が交はつた　みどりを帶びた栗毛
馬としては詩人であり
なにかしら異邦の女に見るやうな
月光を思はしめる馬である
夜、この馬が疾しつてゐると
日光がその中から生まれる
月光が月の四になる
さう言へば今、月四更

鈍い銀色のひかりをあびて
遠くとつ、とつ、とつ、とつとひろい聯隊の庭をはしつてゐる馬は
月の四ではないだらうか
やさしいおまへの名から
月をあびたそのあをいたてがみから
おまへのふかい睫毛から
月の四よ、私は一篇の詩を取出したいのだが

(月の四)

漢江河原の　これは何といふ草だらう
菅草のやうな
からびた、そしてまたやさしいしなやかさ
しろい沙の上にそれは生まれ
あさい水の中にそれは育つ
機銃をよせて
機銃をよせて
片手でしつかりと沙原の草をつかみ
匍匐して機銃を進めてゐる
薄暮攻撃の中期である
今は友もわれも見えず
われらは沙のなかに入るやうにして進む
兩手がしだいにしびれてくる

彼方に上つてゐる煙はなんだらう
もう薄暮攻撃の後期であり
靜かに草の上に伏して
前進の號令を待つてゐる
われらのまへに聽えてくるのは何だらう
われらのまへに聽えてくるのは何だらう

（河よ）

草の上に突倒され
草の上に突倒され
みどりの草がぐつしよりと馥ふ
再び起ち上り再び折敷かされるのは
匍匐の動作が鈍かつたといふのだ
片手をのばし
片手でしつかと銃の三脚架を握り、匍匐してどうしても
一、二、三で一メートル進めないのだ
ぬれた頬にどうしてもみどりが馥ふ
汗のあまさを口で知るのだ
見えないひばりが啼いてゐる安山高地の片かげで
微風とはどう云ふものか
二十七年の生涯ではじめて知るのだ

（見えない雲雀）

6

みんなの上にしめやかに雨がふつてゐる
黒く大地の上に
それは母のやうに濡れてゐる
浸みてゐる
出發をまへの飯盒の甘さ
なつかしい中隊の炊爨を了へて　われらは發(た)つ
大君の任のまにま
小銃部隊は背嚢の上に、さらに小嚢を重ね
われらの心も大地のやうにしめりを帶び、うるほひ
黒い夜にぬれて夜と共に進發す
外被はすつかり濡れ透り
飯盒には雨滴がたまつてゐる五月の夜
しめやかな五月の夜
枚をふくむで
枚をふくむで
われらは遠く征く
われらの行くてになにがあるか
それはわれらの誰も知らない
五月の夜であるといふに
天もまた雨にまじへ　しきりに稲びかりし
われらまことに運命の兒であるを想はしめ

ひたに大君の御楯として
われら　宿意に燃え
ただにわれらは進むことを知る

(進發)

歩兵の精神はそのゆるぎのない歩調のなかにある
そのみじろがない眸
たゆまない足並
小銃は釘付けされたやうに肩に置かれて、角度をかへない
歩兵は陸軍の華だと云はれるのも
その規律あるきびしい訓練から生れるのだ
見よ　その眸はたえず同じたかさにながれ
その兩腕　兩足の描く歩並みはたえず等しい
その編上靴は小隊全體が一つの體軀のやうに整然たる行動を示す
日本の軍隊が世界に冠絶してゐるといはれるのも
それを見てゐると解る

(歩兵の精神)

7

一望千里　涯しない高原である
この原はきはまりなく
草がなびき伏し
草にはてる
四平の山がそれ程なびき伏し
ききやう、かるかやの野にかくれ　草の間になり
薄の穂の上に青金(せいきん)の空と
雲が悠々と湧いてかぎり知れない
野があつて　その中を一條の小さい河が渉り
廠舎の兵たいたちが、その河で
半裸になつて洗濯をしてゐる
兵隊蟻のやうに黒褐色の顔をし　誰を見ても一様であり
個でなくて全體である
しろい歯をみせてからからと笑ひながら
ぱしやぱしやと白い衣(きぬ)を濯いでゐる
きらきらと日がながれの日とともにながれ
河は草の根にはて
何處までが岸なのだらう
流れてくる草を拾ふ
名も知れない草だ
その上に日がゆつくりとフツトボールのやうに回り

遠い、とほい　雲よりもはてしないものが　なにか切ないものがそのなかから生れる
兵たいたちの心を翳らす
が次の瞬間かれらはそれを振りちぎつてしまふ
水をかけあひながら眞白い歯がわらふ
演習の間の休止の一刻（とき）に
ながれの鮠（はや）を追ひかける

（高原）

行けども草であり
そのさきも草である
月は何處に眠るのであらう
そのひろい平康高原の
見はてのない草原の一角で圓周をつくり
四列縱隊の二列は內側に、他の二列は外側になり反對に周りながら
夕食後　兵隊は中隊の歌をうたふ
草原には他の中隊の輪も見える　丘の上に黑い城郭の樣に立つてゐる者もある
わかものらのこころが
はてしないものにかへりゆく一刻（とき）だ
この圓周が今地上の月になり
人間的なすべてからさつて

空を回つてゆくやうな心を抱いて
平康高原をまはる
月もそれにつれて次第にあかるくなり
地上の一點の廠舍がそれ程遠くなる
天がすみれの花になつて匂ふ
人も草はらになつて匂ふ

(夜の歌)

8

一日中ひばりを聽いてゐると
しまひにはこれらの小天使共がうるさくなる
青空のひばり
地の草ひばり

(ひばり1)

空のすみずみまで　ひばりが啼き亘つてゐる
うすいみどりの翅のやうに
天と地がひびきを罩めてゐる
歌つてゐる

(ひばり2)

蒼(あを)いすみきつた空
此の空のどこでひばりは啼くか
ひばりの色彩(いろ)も青ではないか
あの啼聲の青を見れば

(ひばり3)

ひばりが飛ぶのは　躍り上つてゆくやうだ
青空の王子　五月の歌手
詩人の生涯も
その孤獨さが君に肖る

(ひばり4)

このひろい草原の　ひばりの巣は何處にあるか
雨の日は　地を潛(くぐ)り
それとも雨雲の上に留まつてゐるのか
雨が歇むと天をこめるひばりの聲

(ひばり5)

高原の彼方に　路は消えてゐる

そしてこの路は再び來ない

草笛の路

雲雀の歌

（ひばり6）

9

草原を一頭の獅子が驅けつてゐた

しろい鬣をし

半身を擡げ

鏡獅子のやうに尾をふりながら毎日平原を疾しつてゐた

そして青空に駐(とど)まつてゐた

自分はその不思議な假象の雲を愛した

その下で日々銃聲がとどろいた

兵士達はその獲物を何處にもとめて行つたのであらう

（獅子と雲）

褐色の皮膚に貼りつく皮膚

皮膚のうへの皮膚

兵達が上半身裸かになつて騎馬戰をしてゐる

始め！　の號令と倶に

兩軍がしづしづと進むで　カツキと組む

相手をハタキ倒すまで　敢闘は加へられる　手には手を脚は脚に

その一方が殪れる迄

周圍四里四方の漠々たる平原で

のしかかり　のしかかり　四騎に三騎　二騎に一騎

組むだ六本の腕が碎けるまで

草原に人で造つた騎馬が崩れ　騎者が墜されて片脚を地上に附ける迄　激闘がかはされる

最後の一騎になり

人々は地に敷かれ

胸に蚯蚓腫れし　蒼い痣を著け

前齒に血を染むでゐる

赭土にまみれた略帽を捜す

ピリ、ピリ、ピリ、ピリ

合圖の笛で勝敗が決定され

ひどいぞ、と笑ひかけながら

敗れた方が再び騎馬を組むで整列し

われらに向つて　右向け、注目！　をしつつ馬上行進しなければならない

愉悦が湧く

誰だらう、おれの袴下を破つたのは

ふり注ぐ日にみどりが滴(こぼ)れる草の上で
誰かの皮膚が一枚位　剝がされて墮ちてゐはしないか

ふと錯覺に捉はれるのだが……

（騎馬戰）

高原に雨がふつてゐる

しづかに雨が注いでゐる

そのなかに兵たいの白い襯衣（シヤツ）だけが體操してゐる
一時に風がさむくなり

雨が皮膚を透す

廠舍はすぐ近い

が歸營命令が出ないので、兵隊達は雨のなかにしづかに身體を動かしてゐる

略帽に雨滴が浸みる

襯衣がびつしよりになる

體操が終ると　廻れ右前へ　しづかに號令が下され

默々として兵達は擧手の動作や右向けをならふのだ

雨の中に雨の中に雨の中に

山々がしづかに四平から消え、うすい藍のぼかしになり雨の色彩になつてしまふ

しろい、なにかあたたかい肅條とした雨、雨の中

草だけがむ一つと馥つてゐる

（雨の體操）

10

ひばりの下で、
虱を取る
しろい襯衣をひろげ。
昨日、自分の下衣から虱が〇頭と
幼蟲が〇〇、卵が〇〇か發見されたといふのだ。
そして今日　野原の上で僚友達の毛布日乾の監視をしながら
編上靴（へんじやうくわ）を脱ぎ
袴（こ）を脱ぎ、袴下（こした）を脱ぎ
自分は虱を取る。
又幼蟲を發見する。卵の撒布を見出だす
それを草はらに放つ　草で拭（ぬぐ）ふ
一公國位もある虱。
虱もまたひばりの様に、地の蟻のやうに多いではないか
しかしおれは虱を、この善良淳俗の友を少しも憎んでゐないのだ
むしろおれはあたらしい襯衣を取出して
そこから虱の空蟬を見出してさびしかつた。
さうしておれははじめて
ひばりが二羽群れてゐる姿を發見した
それはおれのすぐ手前に下り
愛の歌をなきしきる
これは自然ではないか。

五月の風に　ぎらぎらとかがやいてゐる虱の卵よ
おまへも空の蜻蛉の翅のやうに美しくはないか。
君を大體殲滅しつくした襯衣を着る
これは第一機關銃中隊の兵にとつてうれしくはないか。
あたらしい糊こそついてゐないが、すがすがしい
そして青空の下に仰臥し
草原をしたにして
しづかにあまい呼吸をするのだ。

（虱の歌）

なんであんな夢を見たか
へんな夢を見たものだ
おれはまだマダガスカルやセイロン島にゐて、船乘りをし
一メートルも上下動する波の中で
黄ろい瓶の酒を飲んでゐた
ラムの瓶で、何かのマークもあつたつけ。
それを又故國に歸り
とある家庭で賑かに
異母弟や妹達に圍まれて
長兄として、みんなの父のやうに交はつてゐる場面。
おれはまだ三本のラムの瓶を大事に持つてゐて
それがあると、何事でも成し遂げられさうな氣がしてゐた

魔法のやうに。

空瓶を曳出しに匿してゐた。

兵營にゐて、夢は五臟の困憊(つかれ)だといふが

おれは夢でありもしない經驗をしたり

ひとり子の、孤兒(みなしご)のおれがあたたかい家庭に抱かれてゐる

これもやはり別の世界でのおれの眞實なのだらうか。

兵營の中の起伏しは

單調で變化がないのに

異國の酒をそんなにおれは欲しがつてゐた。

風もなく、事實臥(ね)ぐるしい夜だつた

高原で演習をして

幕舍の中で草を藉いて睡てゐた

そして起きてびつしより汗をかき、薊の花に李孝石の最後の作品を思ひ出したりした。

(ラムの瓶)

1944.10

天罰の神機

獣敵アメリカの殘虐性は

わが將兵の靈屍を冒瀆す

金村龍済

『神』を賣る宣教師の十字架に
『愛』の病院と學校をさげ來り
わが東洋の地にそも何を與へたる
思ふべし、かの人面獸心の行狀を

朝鮮人は牧師たりとも奴僕なり
わが家の玄關よりは入るべからず
少年の頬に『盜賊』の烙印をし
わが園の林檎は一個も拾ふべからず

かの利己卑劣なる『人種』差別
『東洋人は入るべからず』の地獄札
黑人私刑にも義憤するわれの
婦人を辱めて赤裸檢査の野獸性

正義の戰ひは堂々たる大道なり
貪慾の爭ひは婪々たる鬼心なり

人獸の國ぶりの別
戰爭觀より明らかなるはなし

吸血嚼骨の殘忍非道
狂暴食人の本性露出
抑留邦人を虐待し病院船を狙擊し
ああ遂にわが將兵の靈屍を冒瀆す

わが武士道の大らかな情誼は
敵屍の上にねむごろに花をかざるを
アメリカ少女はわが頭蓋骨に禮狀をものし
國政の『紳士』亦玩具に弄あふぶ

かのギルバートの島に戰死せる
わが甥の悲しき公報に接して
遺骨いまだ到らざるこの時
徵兵のわが從弟は冒瀆を憂憤す

われとわが頭蓋骨、はた腕骨の
かくもうづくを撫して想へば
國の血の地下水も憤泉を噴くなり
國の骨の岩脈も火山を吐くなり

われはかく

慟哭の鹽を胸に刻むれば

きみはよく

雪辱の劒を臑(すね)に研ぐべし

されどわが正法の兵書には

歯には歯、目には目の卑策なし

天に代りて神機を逸せず

獸敵救濟の誅罰を加へむ

（文報提供）

壯丁百萬出陣の歌

川端周三

いのちを上(かみ)に捧げるものに
故國ほど美しいものはない。
上(かみ)のためにはなにものも生きずと。
アツツ玉碎し
タワラ、[5]マキン
サイパン又全員戰死するとも
一億の底から沸きあがるあの力。
せりあがる現實に抗がひ
ねむりにも爽やかな死き方を學ぶあの一念。
火山灰さへアルミと化し
擊敵の翼となつて飛ぶ今日。
いたずらに言葉の痛さを解くのではない。
乾坤相搏つ厲しい歷史の一刻に
大君の御馬前近く
今を死せずば生きるときなしと。
奥ぶかく燃えるまなざしで

5　‘タラワ’의 오식이다.

幾千年の闇雲を一瞬に解決し

半島の壮丁百萬ことごとく

神機をとらへて、今君前に立つ

（文報提供）

大悲願の下に

入營を前に

添谷武男

澄む銀河心に泌みる夜なりけり征く日の近きみ社の前

どんどんと走りて行かむ英靈に勵まされつつ最後(つひ)の奥處(おくど)まで

わかもののすべてが持てる大悲願こゝにあふれて嬉しき酒宴

父母よ姉よ妹よ弟よ健(たけ)くましませ何時の日までも

われをよく生み給ひたり決戰に召さるゝ我の幸や極まる

よく泣きし赤坊タケヲも米鬼英鬼うちひしぐべきますらをとなりぬ

防人の歌唄へつつ歌詠めばかなしきまでに通ふものあり

幾多の人軍に送れどつひに我れも召され征くべき幸に浸りぬ

やる方なき憤(いか)りをおさへ召され征くわかもの我らに期して待つべし

1944.11

徵用詩 立志の日に

城山豹

老松亭々枝をまじふる
傾斜地からは
海がわづかに見へた

海はすぐ間近にあるが
何か遠くにあるやうに
それなに私の眼はうるんだのだ

萬葉の防人達は
征矢を背に負ひ
築紫へゆくため
このあたりから船出したらう
長い東國からの旅を了へて

“わがうら若き日において
心の支へを失ひ
幾變轉したことであらう”

あゝしかし

けふよりは

若き私の脈管をめぐつて

高鳴る大いなる歌

　けふよりはかへりみなくて大君の

　醜の御楯といでたつわれは

徵用詩 海邊の村の夕暮

城山豹

海邊の村は
潮の香に濡れ夕暮にはひつそり灯がともる

工場から歸つてきたはでな浴衣の若い娘が花簪のやうに美しく
時たま露地から出たり入つたり
まるで岩間の若鮎だ

私の寮の窓からそれが見へる
ガラスの窓枠にはまつて
それらの風景は
額椽のなかの水彩畵のやうに
あはあはとかなしくせつなく
暮れてしまつふ

徵用詩 わが瘦腕の賦

城山豹

かつて
美しい人と竝んで
プラターヌの徑を步いたお前

かつて
酒盃を高くかざしたお前

かつて
花壇のやうな灯の街で
今は遠く去つた
可憐な少女の眸に慄へたお前

瘦腕よ
お前はサンチヨ・パンザのやうに
山を越へ海を渡り
私に従いてやつてきた

そして

お前は頃日
ハンマーの主人
お前が動かないと
ハンマーは動かない
僕の心が亂れた時
お前はたゝかれて血を流す

痩腕よ
やがてお前の血の涙は
潛水艦に結晶するだらう
やがてお前は僕の涙に濡れ
感激は慄へるだらう

その時に勳章を與へるやうに
僕はお前に花を一束與へやう

石田先生

わざわざ御返書を下さいまして、まことに有難く思ひました。どうも有難うござゐました。自分は大へん元氣で訓練に勵精致して居ります。始めのうちはきつくてなりませんでした。つくづく机上生活者の悲しみを感じたのであります。けれど、もう大丈夫であります。

昨日は訓練隊から約二里先の須磨浦公園へ行軍しました。老松の枝を交ふる、大阪湾に面した傾斜地であります。

訓練期間(一ケ月半豫定だそうです)は外出が絶對ゆるされません。そのかはり時たま小隊行動ですぐ近くの海岸にゆきます。この前海岸へ出た時は『ベリ』といふきれいな色の蔕をつけた魚を釣る人が居りました。

海が寮がきりぎしの上にあるので寮の上でもすぐ眼下に眺められ、この前の風の強い晩は、海の音を聞きながら眠りました。何も考へない生活ですが、何んだか快適で、今迄着物のやうに身につけた懶惰が一枚一枚剝がれてゆくやうであります。

工場に通ふやうになると徹夜や殘業があるさうですが、また全休日もあり、その時は外出も許されます。その時は源平合戰で平家一族の敗れて離散した一の谷や楠木正成を祀る湊川神社や、奈良へも行かうと樂しみにして居ります。

仕事の方は、事務とか何とかいふ仕事は、他に志願する人も居るでせうし、自分の氣持としてもいやですから、直接軍艦をつくる仕事をさせて頂きたいと念願して居ります。瘦身ですけれどリベット位は打てるだらうと腕を撫して、訓練の了るを待つてゐます。

思ひ泛ぶまゝを散漫に書いてしまひました。

御壯健の程はるかに祈つてやみません。

九、一〇　　　　城山昌樹

石田耕造先生　玉案下

1944.12

鑛山地帶

新井雲平

鑛山地帶に降る雪

雪は冬の使者である
天使のやうな者である
私たちの鑛山を白く埋め盡くして
遠い上の方から降りて來る
すぐ隣りの峰に
虎が煙草をのむ風な姿をしてあぐらをかいて居るのを
去年の今頃見たといふ
はるかな傳說の様なものが話題になるこの山奥に
けはしい峠を三つも四つも越えた向ふから
昨日國民學校のヨイコさん達が
慰問に訪(き)てくれた
軍歌をうたつたり春高樓の月をうたつたり羽衣といふ遊戲を見せてくれた
私たちは暖かい涙をかくし乍ら
指を揃へて見物した
あ　それから今日はこの雪だ

あかるく天におどりつゝ
すこし茶目な氣取つた足取りで
私たちが朝會をしてゐる庭いつぱいに
かるい音をさせてやつてくる
私たちの並んだ足の處まできては
いちやうに似た姿で倒れて見せる
それが何度もくり返される
勤勞をすると人間が素直になるのか
わたくしはわけも無く感動する
夜ふとんをかぶつて勞務管理とか食糧特配の事とか手袋の配給とか……
冬の準備を考へながら眼をつぶつてゐると
私たちの合宿の部屋まで
雪は靜かに訪ねてくる
心のなかの戀人のやうだ
幽かな衣ずれの音をさせて
その幽かな音に抱かれるやうに
誰かがすやすや睡つて居る。

咸元泰

坑夫咸元泰

右肩上りの六尺ゆたかな體軀を領し
やゝ氣がかりな額の皺は三(み)條あれども
おだやかな調子で物を訊き
瞳すみ恒に顔は微笑もて蔽はる
出勤は誰よりも早く
坑道の前で靜かに帽子をとり頭を垂れ
一日を祈り
新らし鑛脈(すち)を發見(みつ)けるとすこし吃り勝ちになる ——

彼の履歴にみる鑛山勤務十餘年
其間獨りの母親が死んで五日間休んだといふ
われわれは彼に訓へる何物も無い
たゞ彼の健康を祝するだけである
おお、此の男がつみとつた地寶を目の前に積み上げたら
どんなものだらう ——
私は他から氣づかれずに受けるあの幸福な感じに侵り乍ら
空に白い雲が流れてゐる
この美しい秋の一日を
いそいそと歩をうつして
彼の家へいさゝかの御祝ひを陳べに出掛ける處である
たツた今顔の圓い彼の女房は
彼が坑内に入つてゐる間
恰るで厚い七月の大地からすばらしい大根を矢繼ぎ早やに引ツこ

抜く様に
九人目の息子を生み落したといふのだ。

國民學校慰問隊

木の葉があちこち飛んでゐる中を
手に手に大事なものを抱(かゝ)へる姿勢で
君たちは鴨江邊(かはべ)りからやつて來た
小鳥のやうにはしやぎ乍らやつて來た

何が入つてゐるのかと見てみたら
おいしい野ぶどうやとうもろこし
いや丹誠こめてつくつたキヤベツもある胡菽(タンカチ)もある
ぼくたちはよごれた手も構はずに
どんなにおいしく喰べた事だらう！

增産戰士ノ皆サマ米英ヲ擊滅シテ下サイ
モツト增産シテ下サイ ——
君たちの代表が前列で言つた時
あやふく涙がこぼれさうで
ウム、知つてゐるだよ　知つてゐるだよ……
思はずお國訛りが出て來た

それから歌をうたつてくれるといふので
あはてゝ小さな舞臺を造つてやつた
其れも板をしきつめた危いもの
背景はぼくたちの本坑がなり
右手には火藥庫が見えてゐた——

あんまり元氣よく彈ねたら
板が『折れるよ』と聲を出したので
愕ろいて足の裏をみて見る腕白も居たつけ
ぼくたちは行儀よく居坐つて
君たちの大きな聲におどろいたが
蒼い天(そら)もおどろいたのか
後ずさる樣にしては聽いてゐた。

手選場の婦人たち

冬の靜かな陽射しをうけて
手選場の婦人たちが働らいて居る
邊りを明るくはらひ乍ら

時々重さうな山がふるへ出す
其れでも指先きはやすまない

ぴちぴち其れが光つて居る

私は其傍を通るたんび
指は美しくなくつともよいから
掌(てのひら)がぴいんと張つてゐて——

寒い冬空でもまめまめしく働らき
味噌汁もじようずに炊けるやうな
そんな娘さんが見つかつたら

目上の云ふ事をよく聽く
わたくしの弟のお嫁さんに
是非嫁(き)てくれるやうに頼んでやろ

其の爲なら私が代りに
十里の道も草鞋がけ
お百度をふんでもいいと思ふ。

合宿飯

志を立てて鄕關を出て
思へばながい其のあひだ——

　お箸小さく片手に持つて
　暑くもないのに汗が出て
　喉元がくるしい居候飯
　月末こわい下宿飯
　器が氣になる食堂(のれん)飯

みんな此の身の滋養に
なつてこんなに丈夫だが――
　其れもさうだが思ひ出す
　壁に虎の圖が貼つてある
　ポプラの下の一軒家
　雀もちゆんちゆん覗いてる
　ふつくらと旨い飯

たんとお上り言つてゐる
母の瞳にぶつつかり乍ら――
　元氣よく『御馳走さま』
　學校へ行けば先生は
　よく出來ると讃(ほ)めてくれ
　友だちと組んだ相撲でも
　負けた事の無いあの飯

追憶の飯もこんなに

滋養になつて丈夫だが——
朝は早くから目を覺まし
かたい鑛山（やま）と取つ組んで
發破の音にあひまには
谷川の水が歌つてる
現場からの歸り道

道をふさいで立つてゐる
仔牛をやさしく押しのけて——
微（ひ）風に吹かれて歸れば
味噌汁の匂ひがぷウンと
まぢつて來る其の時
同僚（とも）と手を取り走り寄る
此の頃の合宿飯!

冬の日に

零下二〇度
木の枝で鳴いてゐた小鳥たちはみな何處へ行つたか
雪が降り其の上にまた雪が降り
それが幾度もつゞき眼が痛くなる程
ピインと張つた空の色を照り返してゐる

それでもわれわれは休んでゐない

背丈が一寸ぐらゐ縮まつて着物の厚い方を選んで

ながい北國の冬に耐へ

うかうかしてゐると直ぐ日が落ちるので

其處だけぽつかり黑く見える

坑內へいそいで駈け込んで行く

ここは冬でもあたゝかい

ここに入ると心が落ち付いてくる

私たちはお晝の時間になつても出て行かないで

京城から二十日かゝる郵便の事を話したり

めいめい雲のやうな髮した戀びとの事を話したり冬は寒いと話したり

時々自分たちは熊のやうだ等と想ふ

酒の配給日

酒の配給日になると　皆んな心が娛しくなる

陽が暮れかゝる其頃　老年りは何度も鬚をしごき

若者は兎をつかまへに　裏の方へと飛んで行く

合宿所はいちどに風が入つたやうだ

カンテラはここぞと燃えさかり

仕事仲間にはよくある事の
胸の緒りなぞ見えない物も
木の葉の様に飛んで行く

皆んな總立ちになつてしまふ
快よく筋肉が解ぐれると
謠が出る陽山道が出る踊りが出る
アンペラもあちこち動き出る

若い鑛業所長は怒鳴つて居る
明日も此の調子で增産だ
歌へないやつは元氣よく屁をひれい——
そして自分が眞ツ先きに始めてる

酒の配給日になると　皆んな心が娯しくなる
陽の暮れかゝる其頃　老年りは何度も鬚をしごき
若者は兎をつかまへに　裏の方へと飛んで行く。

發破

山がしやつくりをしてゐる

今の今雷管が破裂したのだ

山腹では雲が流れ

村の一番鶏が鳴いてゐる

便り

いつも高い處ばかりが氣に入つて
肝じんな足下が亂れ勝ちでも
髮の毛がどんどんのびるので
帽子も被らずに濶步した
昨日の事が夢のやうだ——
此處では髮の毛をはげしく振り乍ら
一夜經てば何んでもない事を悲壯がらなくともよいし
卷脚絆に戰鬪帽を被つてみると
第一目の付け場所が違つてくる
金の粉をばら撒いたやうな
天では星が歌ふやうな
明るい光りをまともに
ひれ伏してしまひたいやうな
此生(このよ)は何んとすばらしいものだらう

おお 其れにも増して愛人は
何んと光つてよいものだらう ——
だが其れよりもよいものが
こんな處に置いてある
朝は小鳥の合唱で
(鑛山には小鳥が多いのだ)
眼をさませば仕事だ
それから夢の様な時間がくる
年老りも居る若者も居る
其の中には僕も混つてゐる

仕事が濟んで戻れば
星も出てゐる月も出てゐる
もう月には白髥(ぜん)を延ばした李太白が
酒を飲めとは勸めない。

勞務管理

勞務管理とは別ぢやない
勞務者をしんから愛する事だ
先づ指揮に當る者は
下の者の名前を覺える事だ

其の倅の名前まで覺える事だ
相手が病氣をする時には
藥を持つて行く事だ
釘の一本でも盜む不心得者をみつけたら
二本を與へて覺らせるがいい
勤勞する人たちは單純な人達だ
其れがよく働らかぬ場合には
こつちに手ぬかりがあつたのだ
相手の生活の面倒をみてやり
親愛の情を持つてゐれば
向ふは 『濟みません』と言つて從いてくる
難しい事を言つてやつても
相手は仲々判つてくれない
四角イ事ばかり言つてゐると
こつちも疲れやうが向ふは尙疲れる
お互ひがへとへとになつたら仕事は出來なゝ
要は愛情を持つ事だ——
こつちが向ふを大事にすれば
向ふは仕事を大事にするのだ
酒の配給が來たら
一滴でも餘計に飮ましてやれ
當り當の事を忘れずにやる事だ——

われわれの方では責任鑛量は朝飯まへだ
坑內で足をくぢいた運搬夫が
其れをかくしてびつこを引き乍ら働らいてゐるのを
所長がぶんぶん怒つたら
濟みませんと詫びてゐる
もぢもぢし乍ら詫びてゐる。

1945.1

日本海詩集

川端周三

日本海詩集は、私が朝鮮の東海岸に就いて歌つた印象、風景、思索、體驗、生活の詩の中から、未發表のもののみを選んで編んだ、作品集である。詩の配列については、別に一貫した脈絡があるのではなく、又必らずしも制作順ではないが、年代は、過去三、四年間のものに限り、更に新作二、三篇を加へた。机底に葬むり去られる運命にあつた、これらの拙ない詩篇が、ここにまとめて發表される機を得たことは、私の望外の喜びである。

序詩

必死の歌のやうに
かなしみと言ふよりは
もつとふかく、純粹に
心億年を傾けて
未來へ
うち寄せうち寄せる
おれの所在を

あらい動悸が示してくれる。
日本海のやうに。

作品第壹

うみは沸くのだ。
みてゐるとぽかつと海坊主が頭をもたげ
空氣の中で激しい音を立てゝ破れる。
うみは燃えてゐるのだ。
皇紀二千六百年の火の御代を
炎々靑げぶりめぐつてゐる。
松風の潮にとけゆくあたり
うみのひゞきは
幾億萬年かはらぬ神傳の音樂。
こうしてゐると
むらさきいろの天頂に
對岸の出雲の國や
軍港舞鶴。
新潟あたりの石油櫓の林立や
神富士などが
蜃氣樓のやうに浮びあがる。
內地の沿岸には

朝鮮の
炭素地帯や雲母群が
縁したゝるテーブルランドの上に
天のきらゝのごとく輝やくだらう。
あれやこれやで
うみの邊に來て一日倦かぬは
そのためだ。

作品第貳

なまこや、あかえいや
しびれ魚なぞ。
日本海が腹わたまでぶみまけて
まつさをにぶつかつてくる。
どどーん、どどーん。
全地球の三分の二の力が
今、この岩が根めがけ打ち寄せてくる。
そのたびに
ゆつさゆつさ
大きな時間が傾むき
よろめく。

作品第参

凍えた半球の
ある砂原の一點に
おれは歴矣と黒い影を押して立つてゐる。
青い呑口をあけた大日本海の上に
粉雪がまんぢともゑと降りしきつてゐる。
雪片がじむと音を立てて消えるとき
うみは沸いてゐるとしか念へぬ。
翳をともなはぬ白いひかりが
鵞毛のやうにひしめき
もんどり打ち
一瞬宙宇にとゞまりながら
どんな風景を生み出すのだらうか。
恐らく雪が天に還つたあとも
うみの中心には氷河よりも古い
白い靄やうのものが立ちこめたまゝだらう。
大虚とも海坂とも知れぬ漂緲の
豐蘆原のやうに
神話のみがもつ不思議にくらい場所に
憩むときなく日月星辰はみがゝれ
星雲ひとかたまりとなつて
太古のとゞろきをあげてゐよう。

やがて二月、三月、……
日本海の沿岸を洗ふ潮々にのつて
北陸から山陰に
更に玄海を越えて
南鮮から北鮮へ
神々は
雪や
霰や
雨や
風
となつて
上陸したまう
そのあとあとから人々の吐息が
梅の清いつぶてが
さくらや連饒のはなが
日本海をすひ上げて
一面に咲くのだ。

作品第四

こんなおだやかな日でも
水の性にのつて

その奥底より挑(いど)みくるものがある。
遠沈づむ一線となつて
天をひきまはす
內海の岸々。
金剛山や親知らずの
あのけはしい地貌。
だがいたづらにあんな格好を好んでゐるのではない。
天地創造のときの、わめきと駭きが
そのまゝ深く刻みこまれたんだ。

作品第五

國を念ふときの感激に似た
あの鼻をつんと衝く寒氣の日でも
自轉車なぞ押し
回り路してでも
おまへを見ぬと收まらないのだ。
おまへの見えぬ何かに壓へられると
おれの胸うちに
聲ならぬ喚らびが湧きあがる。
屍を越えて進擊する

軍勢のやうに
白い鬣や劍をふりかざし
あとからあとから打ち寄せてくる波頭。
內地、朝鮮の津々浦々まで
その宿願は
瀰滿して搖れ止むときなく
天が下はことごとく
雄渾な日ばかりとなつた。

作品第六

ざわめき過ぎた
短かい夏の不羈からはすでに遠く
寒ければ寒いなりで
たゞもう青くずつしりと
幾億萬年の沈澱物の上に
硫酸銅のやうにゆらぎもみせぬ。
その不死の面が放つ
北緯四〇度の凄々たるひかり。

作品第七

石ころの多い峠路で
ひとゝころ青く塗つてゐるのは
遲生えの雜草か。
冬を越す苔類か。
冷えた岩肌のかげりと
一本の磯馴松の雄勁な對照に
何か男子の心情にかよふものがあつた。
遠くに音をたてぬ無邊の海が在り
冬の入日は
好んで温かい色帶を照らしてゐるかに見えた。
それもひとつひとつ薄れては逝つたが……
しかしほんとうは
それらはどうでもよいことだつた。
太陽(ひ)とは反對の方向に
みづからの光と散らしながら飛び去つた重爆編隊機の
ながい時間を轉瞬のとゞろきに短めたやうな
神話の鳥めいた飛翔のあとを
おれはいつまでも尋ねあぐんだ。
昏れ終つた大虛の下で。

作品第八

あたり一面の
葦原で
海と河とのけじめがつかない。
陽がうすれてゆくと
どこからともなく白衣の人達が堤防に集つて
星や燈臺の灯に憩ひ出す。
葦切や
鷗や
河鹿が鳴き交ひ
聲につられて
鹽水の魚が集つてくる。
みどりの潮を照らす燈臺の
白と赤とのひかりの帶で
一途に數へることを學んだわたしの四歲。
潮が月にひかれることを
驚異のこゝろで知つた十歲。
夜の際に喰ひ入つて
一匹の蟬の音が
漣の音を消し去るやうに
死者へのふかい歎きに
日本海の潮鳴りが無限の底に吸ひこまれてしまひ

無量の星の言葉が耳近く囁やいた二十歳。

……

白と赤の燈臺は

いまもかはらず點滅し

おれは三歳の吾子に指さしながら

あの遠い燈臺に未來の數と教へこむ。

一、二、三、四……

作品第九

たちどころに數千年がすぎていつた。

いまめざめたばかりのやうに

原始さながらの色を秘めた。日本海。

潮は青くみがゝれ

柔かな砂原に

吾子を放つと

吾子はいつさんに

海を脊に炎えるかげろうにぶつかつてゆき

魚みたいだと言ふ。

うつくしいうたごゑは

むかしのまゝ

すこしも汚がされもせず

吾子に享け繼がれた！

（わたしの夢は大半終へた。）

このうへは

いかにして國に殉(した)がふべきか

そのおもひのみが心に音高く調べ立てられる。

この放我のうつくしさ。

海に浮ぶ軍艦の

見えぬ重い錨のやうに

息をひそめた深い靜謐のためにこそ

わたしは大きく生きられるのだ。

動員學徒と共に

杉本長夫

働く學徒

働く學徒　われらの學徒は
すつかりこの工場の住人になつてしまつた
七月から私のみて來た彼等の課題は
日々に大きく烈しさを增し
學徒の努力は
岩礁につき當る波濤のやうに
繰返し繰返し渾身(こんしん)の飛沫を擧げてきた
噴き上る青春の情熱をそゝいで
見る者に深い思索の泉となつた
花月をよそに
行きも歸りも衆星をいたゞき
信ずる者の忍耐と感喜の歌をもつて
鳴動する仕事場に立ちつゞけた
千貫の重きをほこる工作機械も
すでに彼等の意のまゝとなり
そのまつたき統御に服して動く

働く學徒　われらの學徒は
すつかり工場の住人になつてしまつた

一つの使命

巨大なる世紀の創造者
日のもとの神々の戰ふ手に
兵器をさゝげるのは君たち
一切の邪惡を光のやうに拂ひ淸め
東亞に新生の息吹をもたらすために
君たちは營門までの貴い月日を
美しく強く熱意の勤勞で充實する
工場もまたすさまじいちからの坩堝
工場こそ若いよろこびの脈うつ母胎
ペンを持つて紙に字を埋めた白い手が
今では油と汗で眞黑となり逞しくなり
一念日々に凝つて君たちは兵器をつくる

日溜り

冬の日の午後
五つ六つの男の子等が

工場の堀の日溜りで
日なたぼつこをしてゐる
圓くかたまつて
日なたぼつこをしてゐる
着ぶくれのしたからだを
御互にすり寄せながら
ふところ手をして
日なたぼつこをしてゐる
誰かゞ小聲で歌をうたふと
皆がそれに唱和した
すかんぽのやうな顔に陽が濡れてゐる
可愛いゝ口で調子づいて歌つてゐた
遠くはなれてひと風ごとに聲が埋れた
仲のよい子　男の子
すくすくと早く立派になつてくれ

工場

工場は機械のジヤングル地帯で
帯條(べると)はその葛蔓(つたかずら)
旋盤　フライス　鳴動する巖(いはを)
送風機から流れ出る熱風

交響樂のやうに幾百千の音樂
鐵をけづり鐵をまげ
鋸をひいて組立てられる
小さな大きな兵器の部分品が
このジヤングル地帶で
人と工作機の共力のうちから
數かぎりなく生れてくる
人々は機械のジヤングルに姿をひそめ
不思議な音響の枝葉をくゞり
赤心を肉體に充塡しちからをさゝげる
帶條(ベルト)は大切な葛蔓
工場は機械のジヤングル地帶で

この道

私は再びこの道をかへつて來た
吹きすますかぜに
銀の扇をかざしてゐた
薄の原はあともなく消え
しようじようたる冬の風景にかへつてゐた
深い空のみどりが
赭い山山の峽間(あひま)によどみ

木々はするどくみがかれて
動かうともせぬ
日ぐれ近く陽はあかく
第三生徒舍と書かれた
標柱もまたなつかしい
炊事當番集合！
動員學徒の呼聲がする

夢

暗い夢の中の波頭をけつて
私を迎へにきた白い馬
私のまづしい家の前で
蹄をならし高く高くいなないた
白い馬のはいけいでは
潮騷がそうそうとなりひゞき
不思議に強い海風が
熱つぽい私のこゝろをせきたてた
出發だ　たゝかひの海へ
甘美な夢から立ちあがれ
おまへの虛勢をあざ笑へ
暗い夢のなかの白い馬は
神々しいひかりを巻いて

私の驚きをあとに
暗い海にたゞ眞一文字に
奔走のしぶきをあげてゐた

眠

どの扉もひつそりしてゐる
時間交代の不寢番だけが起きてゐる
私が通ると
ねむたげに敬禮をする
ペチカの蓋をあけてみる
焔がにぎやかに躍つてゐる
私はコツコツ引返へす
どの扉もひつそりとして眠つてゐる

寂寥

ふと目がさめて
しづけさに倚り添つて
眞晝時の噪音の後で
夢のやうに遠くはなれて

ひとりしづけさに倚り添つて
陶然と煙のやうな
寂寥を味つてゐる

朝禮のとき

らつぱの音
床をけつてたつ
着替へをし小便をして
外へとびだす
學徒等もはじけたやうに
とびだしてくる
不寝番の星々を仰ぎ
廣い運動場でいつもの朝禮
式のあとは駈足　駈足
人間の黒い絨緞が一齊に動きはじめる

宿舍の窓から

寒冷の大氣をきつて高く遠く
今日も宿舍の上を

渡り鳥がゆく二群(むれ)三群(むれ)

くの字形の編隊で

クウイクウイと鳴きながら

渡り鳥の群(むれ)がゆく

碧い空に吸はれてゆく

二羽三羽後れてゐるよろけてゐる

何處までゆくのか

ついてゆけるか

工場の高い煙突に

とまつて休んでゆけばよい

機械

鐵が鐵を切る

たえまなく左右に動いて

切つてゐるやうに思へないが

鐵にくひこみ白い鐵粉を撒きちらす

それは不動の意志のごとく

こきざみに餘念なく動いてゐる

これしきと思ふやつでも

手に負へぬと思ふやつでも

同じ調子で仕事にかゝり

不氣味な重いかけ聲で
切り切つてゆく
見えないちから不屈のあゆみ
學徒がそれと取り組んでゐる

水車

松原康郎

或る村はづれで
僕はアメリカ機に體當りしてゆく我が戰鬪機を見た
それは敵機にぶつかり
落ちゆく敵機を見屆けて
靜かに棉の如き雲を曳いて消えて行つた
それはとへば[6]富士山頂の雪の如く淸く
天帝の怒りの如く烈しかつた
それはほんの一瞬の出來事だつた
僕は歔くことも忘れて
その最後の一輪の雲まで見屆けた
そして眼を落すと
僕の足許で水車が廻つてゐた
水車はゴトゴトとぎごちない音を立てゝ
日本の溪流を刻んでゐた
溪流流れて息まず
この水車なほ亦動くを止めず

6 'それはたとへば' 또는 'それはといへば'의 오식으로 보인다.

恐らく日本の最後の土の消ゆる日まで續くだらうことを思ふと
沸々と胸裡につかへて來るのがあつた
日本、悠久に美しく
この流、とこしへに續くのだらう
僕は水車の上に一二滴瞬刻の命の涙を湛へた
水車はそれをも乘せて廻つてゐた

1945.3

海兵團點描

大島 修

點描

海近く
そこら兵舎が立ち竝んでゐる
三方蒼々たる山岳にかくまれた
この南の村に
幾千の少年たちは
遠洋の夢に明け暮れてゐるのだ
激しい訓練の日々を經て
少年たちの白い帽子の上には
錨が重く輝いてゐる
波高いいくさのさなかに
少年たちは榮華を望まない
さまざまの美しい雜念を忘れて
少年たちはやがて壯途に就くであらう
鄕愁と憧憬の航路もとほく
少年たちは靜かに笑ひさゞめく。

幼年のうた

われは海の子白波の
あのとほくなつかしいしらべが
よみがへつてくる
初夏の麗な日
それは寂しい南の漁村
ふるさとの小學校の古びた教室でおぼえた
あのしらべが
今海兵團のひろい營庭に
潮騒の音と共によみがへつてくるのだ
幾千の少年たち
赤銅さながらの裸像の群
きびしい現實の荒波に
僕は何故だらう
あらぬ感慨に胸を躍らせ
ふるいふるい幼年のうたを想ふ
この海のはたてはいづこであらう
はらからの血に染まる太平洋は
ずつとはるかだ
かつて、冒険と夢に抱かれた幼年のうたは
いままさに曠古の試練に遭遇した
渦巻く荒波の最中に

僕は海兵團のひろい營庭にイんで

いよいよ切なくなつかしく

われは海の子白波の

あのとほいかつて幼年の日のうたを吟んでみるのだ

短艇訓練

海原を越えて行かうよ

濃藍の渦巻くかなたへ

若人の意氣と試練の

しぶき散る波濤の上を

見遙かす彼岸の空に

ひむがしの雲湧くところ

○

鷗も飛ばない

沖とほく

短艇を漕ぎゆく

白きセーラー服が搖れ動くたびに

兩舷のながい櫓が

羽搏くやうに滑つてゆく

棒倒し

流儀はどうあつても構はない
推理も判斷も無用だ
おお、執拗に
蟻のやうに群がる襲來を見よ
棒を倒せ
棒を倒せ
殺戮と制覇の競ふ
若人の鬪魂を燃やせ

註　海軍では競技として棒倒しと相撲が殆ど唯一の行事らしい
そこには激しい精神鍛錬が培はれるとどこぞの本にも書かれてあつた

海軍體操

さんさんと降りそゝぐ太陽の光に
眩しく躍る若人の裸像をみたまへ
ひとしく縱橫に整列した
赤銅の肌をみたまへ
さながらの圓轉自在
流れるやうなリズムをみたまへ

○

波の音がきこえるよ
白い飛沫が笑つてゐるよ
たもとほる風のまにまに
ボートがとほく搖れてゐるよ
海原へ
今し飛び込まんとする海の兵
汀に集る海の若人

白飯

まらうどのおとなひしとて
けふは白き飯あり
牛肉や菜のたぐひ
あまたなる珍味は滿てり
カロリーの兎や角知らねど
食卓に漲る笑顔
舌鼓打ちて鳴らせよ
豐かなるけふの饗宴ぞ
げにやよしまれなる人よ
げにやよし白き飯

註　海軍では銀飯と稱して白飯が一番の御馳走ださうだ

釣床

潮の香にみちたハンモツクのなかでは
おのがじし搖籃の想ひ出に誘はれる
一日のあわたゞしい日課がすむと
艦内にはすつかり燈も消えた
『白木の箱で歸つても
決して涙は見せません』
いたいけな妹の激勵の便り
暗闇の虛空に浮ぶ
ふるさとの父や母
ひしひしと迫る靜ひつで
せんちめんたるな少年の興奮も沈んで
しほざゐのやうに鄕愁がわく

軍艦旗

風が流れる
海原をわたつて曉闇のしゞまに
軍艦旗が風にはためく
この營庭に集まる數千の海兵たち
日の出づるところ拜み

けふもまた軍艦旗の下
大君の邊にこそ死なめと
いともおごそかに
しづかにうたふ『海ゆかば』
ありとあらゆる懷疑を捨てゝ
悲哀もなく
虛榮もなく
さわやかな大氣のなかに
たゆたひ響く『海ゆかば』

1945.5

石腸集

川端周三

歸鄉 ―佐藤清氏に

粗い日が
天ふかくしづみ
寒氣ははらわたにしみこんで
一秒の手もゆるめない。
朝鮮の蟄居はそのときからはぢまつた。
あれから數千年。
この寒冷に美を意識した創めての詩人。
風土への榮ある歸鄉よ。
わたしは今冷たい場所を過ぎり
その歌にしのびこんだ寒氣を嗅ぐ。
なにか戀闕(レンケツ)の心に似て
つんと鼻をつき泪ぐませる寒氣の香。
たとひせゝらぎの音にとほく
草の根は匂はずとも
岩石も阻み得ぬこのはげしさが
わかいこゝろを搖さぶらぬ筈がない

あゝ、朝鮮のわかい人。

一すぢに祖國につながる心の窮み。

その純粋[ジュンスイ]にみまもられてわたしは歌ふ。

散る花びらの美しさも

あの巨大な瞬間も

この寒冷のなかにはぐゝまれた！

反響 ─ 大島修氏に

一と冬を

照りとほした寒天。

ちらばつた音をあつめ

すひこみ

あをくするどく磨き出された

この鍛接の美よ。

それが空中微塵の

反射作用だと

さかしらな事は言はない。

埋もれた白晝の群星や

時空にたゞよううすむらさきの

靈感の確認！

聲をあぐれば

そのまゝ痛いといふ言葉がはねかへつて來そうだ。
そんな試煉を經た言葉で
詩が書きたい。

靜かな午前 – 則武三雄氏に

三ヶ月もつゞいた旱天。
微塵いよいよ濃ゆく
寒氣は靑く照りつけて
染まるばかり……
寒氣ふかく分けいつて
(聲透り息づきうつくしく)
何のこゝろがわたしを樂ますのか
宇宙をとりいれた
千年の構成に
今更ながら日本の美を發見し
たちのぼる松の匂ひにせいせいする。
いままで聲を持たなかつたものに語りかけられ
わたしは一行の光る詩句にも出くはさなかつたが
こゝろは豐かにみがゝれて戻るのだ。

荒鷲

かつて經驗したことのない
炎暑の中で
熱帶樹が自然の天蓋をなしてゐる。
それを綴つて百鳥が
香地のやうに囀づつてゐる。
神鷲たちはさゞめきながら集ひ
打ち興じて
別盃。
光線のやうなとゞろきをあとにのこし
天の運行に沒するごとく
翼は須臾(シユユ)に消え去つた。
身を滅して應へる
神へのかへりごとのかしこさ。
時空萬里。
神韻をふくんだ幾千年のあとも
日本の空は
桔梗色にふかく晴れあがつてゐるだらう。
そのとき
日本のこゝろは
この神ながらの火つぎのさまを
どんな言靈にとらへるだらうか。

われわれが
初發のくらげなす海をうたひ
富士の噴煙にあこがれたごとく
國造る神鷲のこゝろのたかぶりを
どんな行爲で示すだらうか。

雪降る－佐藤大尉に

限度を越えた寒さが
三ヶ月も照りつけたあと
二日二夜のもの凄い雪だ。
朝鮮の氣象はとかく烈しい。
このはげしさにつけても
思ひ出すのは
南方に轉戰する君や
この地から巣立つた
あまたの學徒や志願兵のこゝろ根だ。
季節をこえて
君たちとをつなぐ純粋な空間。
君たちを祈ることは
ありありと僕の所在を示すことだ。
時間はもはや

なめらかに流れるものとばかりは思はない。
僕達の激情や
憤りや、深い語らひの中で靜かに停まり
飛び交ふベルトや
灼ける鋼(ハガ)の匂ひの中で
速やかに流れる！
今天地をこめるもうもうの雪片、
このきびしい天象がゑがく餘白に
聲のないむらがる言葉で
僕は歌(ウタ)の根のかぎり
風土のはげしさをたゝえ
嚴肅な梅の匂ひをこめるのだ。

初雪

遮光傘の陰に
繼ぎ貼りしたばかりの障子が白く浮き
空氣はいやに冷え切つて
外の音を傳へない。
聽き分けよく眠つた二人の子の
甘やかな寢息をきいてゐると
わたしたちに滯つたものが

あそこで靜かに流れてゐるのが解る。
こんなおだやかな晩(ばん)は
勃々と
いのちの生育が感じられ
書物なぞ死物に過ぎなく思はれる。
潮に似た滿干(さしひき)はあつても
享け繼いで寄せ熄まぬいのちのながれ。
歷史の見えぬ糸すぢとは
嚴肅で溫かい
こんなものではなからうか。
おろかなわたしの反問に
―雪ですよ
裏木戶を締めに下りた家妻の
童さびたかん高い聲が
天の異變を
かう告げた！

奏樂

今日ほどうつくしく
歷史の生きてゐるときはない。
われわれの後ろに霧ろひたなびく

あまたの魂魄たち。

死をもつて綴られた言靈が

われわれのこゝろに呼びかける。

聖武

金剛

菊水

敷島

大御心を旨に

どの頁々も三千年の精髓をすぐつて

虛空に飛び立ち舞ひのぼり

みをやのきびしい奏樂の韻(ヒビキ)

今、天界にみちみつ。

北鮮地帯

底ぬけの寒天。

朝鮮のテーブルランドに

巨大な人工の湖面が光つてゐる。

本邦最大の發電所。

大森林。

その上の風や雨や雪や嵐。

だがこれらの風景は

限りある目路がとらへたものにすぎぬ。

百七十九萬二千四百七十餘年。

いやもつと多くの時間をすひこみ

夜よりも暗く

もつとふかくみづからを養ふて來たものが

黄金華さくと歌はれた往時さながら

國土危殆のときに

ざくざく掘り出される。

精神のやうに光を發し

磁氣を帯び、電氣を藏し

淡い螢光の次元にひしめく地下資源群。

北鮮地帯を

暗くするほどの物凄い生産機構が

それらを呑みこみ

終日うなりをあげてゐる。

この重壓をはねかへす

轉瞬の機が

つひそこに迫つてゐるのだ。

學文民國

부록

『국민문학』 수록 시작품 1(1941.11~1943.9)

차례

김종한 / 金鍾漢

〈징병의 시〉뜨거운 손을 들다 / 〈徵兵の詩〉あつき手を擧ぐ
나카노 스즈코 / 中野鈴子

〈징병의 시〉잉어 / 〈徵兵の詩〉鯉
이용해 / 李庸海

1942.8

틈입자 / 闖入者
스기모토 나가오 / 杉本長夫

1942.10

피리 소리를 따라 / 笛について
맥자 / 麥滋

구름과 하늘 / くもと空
노리타게 가즈오 / 則武三雄

고무나무의 노래 / ゴムの歌
주영섭 / 朱永涉

출생찬가 / 出生讚
와타나베 가쓰미 / 渡邊克己

고향에서 / ふるさとにて
시로야마 마사키 / 城山昌樹

등반자 / 登山者
아마가사키 유타카 / 尼ヶ崎豊

1942.11

가을의 속삭임 / 秋の囁き
가네무라 류사이 / 金村龍濟

이케다 스케이치 만가 및 한카 / 池田助市挽歌並返歌
가와바타 슈조 / 川端周三

1942.12

결의의 말 / 決意の言葉
데라모토 기이치 / 寺本喜一

결의 / 意決 스기모토 나가오 / 杉本長夫

기다림 / 待機 김종한 / 金鐘漢

1943.1

담징 / 曇徵 사토 기요시 / 佐藤清

1943.2

해와 달의 회귀 / 日月回歸
아베 이치로 / 安部一郎

젊은 스승의 노래 / 若き師の歌へる
야나기 겐지로 / 柳虔次郎

가을의 행복 / 秋のしあはせ
야나기 겐지로 / 柳虔次郎

어느 독서병 / ある讀書兵
잇시키 고 / 一色豪

출정하는 친구에게 / 征ける友に
시바타 가와치 / 芝田河千

후지산에 부쳐 / 富士山に寄す
양명문 / 楊明文

1943.3

밀물이 밀려오는 바다에서 / 潮滿つる海にて
가와바타 슈조 / 川端周三

남진보 / 南進譜
스기모토 나가오 / 杉本長夫

1943.5

제국 해군 / 帝國海軍
사토 기요시 / 佐藤清

1943.6

〈벽시〉바다 / 辻詩 海 작자명 없음

조선반도 / 朝鮮半島
이노우에 야스후미 / 井上康文

한강 / 漢江

노리타케 가즈오 / 則武三雄

영춘가 / 迎春歌
야나기 겐지로 / 柳虔次郎

가족찬가 / 家族頌歌 조우식 / 趙宇植

비행시 / 飛行詩 주영섭 / 朱永燮

해변 5장 / 海邊五章
시로야마 마사키 / 城山昌樹

1943.7

〈벽시〉나무 / 辻詩 樹 詠人不知

바다에 우뚝 솟다 / 海にそびえる
야마베 민타로 / 山部珉太郎

조용한 군항 / 靜かな軍港
아베 이치로 / 安部一郎

일본해 주변 / 日本海周邊
가와바타 슈조 / 川端周三

1943.8

〈벽시〉초닥 / 辻詩 草莽
김종한 / 金鐘漢

혜자 / 慧慈 사토 기요시 / 佐藤清

〈신인추천〉부싯돌 / 新人推薦 燧石
이와모토 젠페이 / 岩本善平

〈신인추천〉너에게 / 新人推薦 君に
芝田河千

〈신인추천〉전투 중이기에 / 新人推薦 短歌 たゝかひにしあれば
소에야 다케오 / 添谷武男

1943.9

등대 / 燈臺
스기모토 나가오 / 杉本長夫

덩굴의 생명 / 蔓の生命
스기모토 나가오 / 杉本長夫

『국민문학』 수록 주요 시론

1942.3	一枝의 倫理	金鍾漢
1942.4	詩の誠實性について	佐藤清
	國民詩の方向について	杉本長夫
	佐藤春夫先生へ	金鍾漢
1942.8	新しき史詩の創造	金鍾漢
1942.11	〈詩壇の一年〉半島詩壇の創成	寺本喜一
1942.12	詩人としての佐藤(清)先生 —『碧靈集』の出版を機として	崔載瑞
	詩誌「緒土」の頃など	杉本長夫
1943.2	〈座談會〉詩壇の根本問題	佐藤清, 金村龍濟, 寺本喜一, 趙宇植, 杉本長夫, 崔載瑞, 金鍾漢
	最近の諸作品	則武三雄
	生きた言葉	朱永涉
	言葉の問題	平沼文甫
	文語と口語	川端周三
1943.4	〈詩壇時評〉きらさぎ詩集を評す	平讓介
1943.8	〈新刊評〉金鍾漢詩集『たらちねのうた』評	佐藤清
1943.11	現代詩試論	則武三雄

	詩の圓周	朱永涉
1944.5	文語詩か口語詩か	佐藤清
1944.6	口語詩の成立と其の意義	佐藤清
1944.7	口語詩の成立と其の意義	佐藤清
1944.9	川端周三の詩	佐藤清
1944.10	詩壇への沙汰書	中尾清
1944.11	金鍾漢の人及作品	牧洋
1945.2	佐藤清氏と朝鮮詩壇	川端周三

엮고옮긴이 소개

가미무라 슌페이 (上村俊平, Kamimura Shumpei)

일본 시가현 출생, 한국외국어대학교에서 문학석사학위를 받았다. 현재 천리교 교회본부 해외부에서 근무하고 있다. 논문으로 「현민 유진오의 일본어 소설 연구」가 있다.

가미야 미호 (神谷美穂, Kamiya Miho)

도쿄도 출생, 한국외국어대학교에서 문학박사학위를 받았다. 현재 우송대학교 교양 일본어과 교수로 재직하고 있다. 논문으로 「재조일본인 작가의 소설에 나타난 일제말기 일본 국민 창출 양상」, 「李石薫(牧洋)の作品に現れた叙情性」 등이 있고, 역서로 『노부코』(공역), 『羅蕙錫の作品世界』(공역) 등이 있다.

김은정 (金銀貞, Kim, Eunjeong)

서울 출생, 한국외국어대학교에서 문학박사학위를 받았다. 현재 한국외국어대학교 HK 세미오시스 연구센터 HK교수로 재직하고 있다. 저서로 『사적 기록성과 미적 거리의 길항』이 있다.

김지형 (金知兄, Kim, Jihyoung)

서울 출생, 한국외국어대학교에서 문학박사학위를 받았다. 현재 한국외국어대학교에 출강하고 있다. 논문으로 「'물논쟁'에 나타난 김남천의 자기반성적 실천 고찰」, 「『신문학사』와 『한국문학사』의 동일성 소고」 등이 있고, 저서로 『식민지 이성과 마르크스의 방법』이 있다.

노지현 (魯智賢, Roh, Jihyun)

거제 출생, 한국외국어대학교 박사과정에 재학 중이며 숭실대학교 국제교육원 강사로 재직하고 있다. 논문으로 「한국어와 일본어의 상적 의미 대조 연구」가 있다.

박지영 (朴智暎, Park, Jiyoung)

부산 출생, 한국외국어대학교에서 문학박사학위를 받았다. 논문으로 「식민지 조선의 『만요슈』 — 두 개의 국민과 문학전통의 교착」, 「동일본대진재와 단카 — 「아사히가단」의 육성의 기록」 등이 있고, 역서로 요사노 아키코의 단카집 『헝클어진 머리칼』이 있다.

채호석 (蔡澔晳, Chae, Hoseok)

서울 출생, 서울대학교에서 문학박사학위를 받았다. 현재 한국외국어대학교 사범대학 한국어교육과 교수로 재직하고 있다. 저서로 『한국근대문학과 계몽의 서사』, 『(청소년을 위한) 한국현대문학사』, 『식민지 시대 문학의 지형도』 등이 있다.